FACULTÉ DE DROIT DE BORDEAUX

DE LA REVENDICATION
EN DROIT ROMAIN

THÉORIE DU DROIT DE RÉTENTION
EN DROIT FRANÇAIS

THÈSE POUR LE DOCTORAT
Soutenue le *12 Mai* 1881

PAR

Fernand LAFARGUE, avocat

BORDEAUX
IMPRIMERIE NOUVELLE A. BELLIER
16 - Rue Cabirol - 16

1881

FACULTÉ DE DROIT DE BORDEAUX

DE LA REVENDICATION
EN DROIT ROMAIN

THÉORIE DU DROIT DE RÉTENTION
EN DROIT FRANÇAIS

———◦❖◦———

THÈSE POUR LE DOCTORAT

Soutenue le *12 mai* 1881

PAR

Fernand LAFARGUE, avocat

❦

BORDEAUX
IMPRIMERIE NOUVELLE A. BELLIER
16 — Rue Cabirol — 16
—
1881

Les visas exigés par les règlements ne sont donnés qu'au point de vue de l'ordre public et des bonnes mœurs.

(Délibération de la Faculté du 12 août 1879).

A MES PARENTS

BIBLIOGRAPHIE

DROIT ROMAIN

MM. PELLAT : *Principes généraux de la propriété et de l'usufruit.*

MOLITOR : *La Possession.*

DEMANGEAT : *De la condition du fonds dotal en Droit romain*, p. 121 et suiv. — *Cours élémentaire de Droit romain.*

DE SAVIGNY : *Système de Droit romain*, t. VI, p. 214.

KELLER : *Des actions.*

ORTOLAN : *Des actions*, t. III.

ACCARIAS : *Précis de Droit romain*

Du CAURROY : *Institutes de Justinién traduites et expliquées.*

MULHEMBRUCH : *Doctrina Pandectarum et delectus legum, etc.*

DE MONTROL : *Thèse.* Paris 1862.

DROIT FRANÇAIS

MM. AUBRY et RAU : *Cours de Droit civil français.*

DEMANTE et COLMET DE SANTÈRE : *Cours analytique.*

DEMOLOMBE : *Cours de Code Napoléon*, t. IX.

LAURENT : *Principes de Droit civil*, t. XXIX.

TROPLONG : *Traité des priviléges et hypothèques*, t. I, p. 254, et du *Nantissement.*

P. PONT : *Traité des priviléges et hypothèques.*

MOURLON : *Répétitions écrites*, t. III. — *Examen critique du commentaire de Troplong sur les Priviléges.*

RAUTER : *Revue étrangère*, 1839 et 1841 ; *Revue de Droit français et étranger*, t. I, p. 565.

GLASSON : *Du droit de Rétention.*

CABRYE : *Du droit de Rétention.*

DROIT ROMAIN

DE REI VINDICATIONE

(Digeste, lib. VI, tit. I.)

Préliminaires. — Définition. — Notions historiques.

La Revendication est l'action par laquelle une personne réclame une ou plusieurs choses *distinctes* dont elle est propriétaire, mais qu'un tiers possède. Son but est de garantir le domaine *ex jure quiritium* des choses corporelles.

Nous allons suivre les développements de la Revendication, en étudiant les transformations diverses par lesquelles passa la procédure romaine. Trois époques ont donné le jour à trois systèmes.

Sous le premier système, la Revendication a lieu par

l'actio sacramenti. C'est l'époque des *actions de la Loi*
Les parties expliquent leurs prétentions respectives devant
le préteur et, pour affirmer l'exactitude de leurs assertions,
font un pari dont l'enjeu varie d'après la valeur de l'objet
en litige. Chacun des plaideurs revendique en prononçant
les paroles consacrées : « *Aio hanc rem esse meam ex
jure quiritium*, etc. » Plus tard, lorsque le dépôt effectif
de l'enjeu n'avait plus lieu et que les parties promettaient
simplement la somme voulue, des répondants s'engageaient
à en payer le montant. Enfin, d'autres *cautions* interve-
naient dans le simulacre de combat livré devant le préteur
entre le demandeur et le défendeur. Le préteur attribuait la
possession intérimaire à qui bon lui semblait. Alors les
parties demandaient un juge et ne l'obtenaient qu'au bout
de trente jours. Les cautions intervenues étaient utiles en
ce sens qu'elles assuraient l'obligation de restituer la chose
et les fruits ; sans elles, la position de celui à qui l'attribution avait été faite aurait été trop avantageuse, et l'autre
aurait été exposé, malgré la décision favorable du juge, a
ne pas recouvrer l'objet.

Le *sacramentum* était déclaré *justum* ou *injustum*,
selon que le juge décidait pour ou contre le demandeur.
Le fond du procès est résolu d'une façon incidente ; c'est
en jugeant le pari que le tribunal décide la question de
propriété. L'*actio sacramenti* était de la compétence du
tribunal des centumvirs.

A la deuxième époque, lorsque l'instance était renvoyée
devant un seul juge, la procédure pouvait avoir lieu, ou *per
sponsionem* ou *per formulam petitoriam* : c'est le système formulaire. La forme *per sponsionem* porte la trace

du système des actions de la Loi et doit avoir été la première
en vigueur. Cette trace est la *sponsio*, avec cette différence
qu'elle n'est plus pénale mais préjudicielle. Elle a pour but
ici, de fournir au juge l'occasion d'examiner la question de
propriété, mais la somme stipulée n'est jamais exigée.
Quant au cérémonial symbolique, il a disparu entièrement.

Pour savoir si le défendeur (toujours celui qui possède)
doit au demandeur la somme qui fait l'objet de la gageure,
le juge doit considérer si ce dernier est véritablement propriétaire, et dans ce cas, condamner le défendeur à « *id
quanti interest*. » Il n'y a plus d'attribution de possession
intérimaire, et toutes les condamnations ont un caractère
pécuniaire, tandis que sous les actions de la Loi le défendeur était condamné à restituer la chose même réclamée
par le demandeur. Ce sont là deux différences importantes
entre les deux époques.

La forme *per formulam petitoriam* paraît avoir suc-
cédé à la forme *per sponsionem*, et l'avoir supplantée.
Elle présente en effet moins d'inconvénients, surtout dans
la *rei vindicatio*. Que de cas où le revendiquant préfère
recouvrer sa chose que la valeur de cette chose ! Le préteur, en ajoutant dans la formule deux mots : *neque restituatur*, évita l'inconvénient de ces condamnations nécessairement pécuniaires. Ces deux mots donnaient au juge
la mission d'ordonner la restitution de la chose, et la
condamnation n'était prononcée que si le défendeur se
refusait à obéir. Nous reviendrons sur ce point.

Dans cette période, la question de propriété est nette-
ment posée par le préteur au juge dans la formule. Le
demandeur est-il ou n'est-il pas propriétaire ?

A la simple inspection de la formule ainsi conçue : « Lucius Octavius judex esto : si paret fundum Cornelianum, quo de agitur, ex jure Quiritium Auli Agerii esse, *neque is fundus, arbitrio tuo,* Aulo Agerio *restituatur*, quanti ea res erit Numerium Negidium Aulo Agerio condemnato ; si non paret, absolvito », on reconnaît à la Revendication deux caractères : C'est une action réelle et arbitraire ; *Réelle* ; car *l'intentio* n'indique pas le nom du défendeur, *Arbitraire* ; car en exécutant l'ordre du juge le défendeur peut éviter la condamnation pécuniaire. Justinien ne comprend pas la Revendication dans la liste tinien ne comprend pas la Revendication dans la liste des actions arbitraires, probablement parce qu'il avait sous les yeux le texte d'un ancien jurisconsulte écrivant à l'époque où le préteur n'avait pas encore introduit la modification : *neque restituatur* dans la formule de la Revendication.

La troisième période est celle de la procédure extraordinaire. La procédure ne passe plus maintenant par deux phases. La *cognitio extraordinaria* s'est peu à peu substituée au *judicium ordinarium*. Plus de distinction entre le magistrat et le juge. Les procès sont examinés par une seule autorité. Le magistrat cumule les deux fonctions.

Sous ce système, la condamnation a pour objet la chose même qui est en litige.

Nous voyons combien la procédure romaine a fait de progrès. On s'adresse directement à l'autorité judiciaire compétente pour obtenir sa propriété ou le paiement de sa créance ; on est débarrassé des lenteurs du premier système, des inconvénients du second, et de ces formes symboliques qui seraient ridicules à l'époque brillante et civilisée où nous allons nous placer pour étudier notre sujet. Nous parlerons quelquefois dans le courant de ce travail, de la compétence. Traçons, avant d'y entrer, quelques grandes lignes historiques.

Dans le principe, les *Decemviri*, juges institués vraisemblablement par Servius Tullius pour les affaires privées, statuaient sans doute sur toutes les affaires de droit commun, c'est-à-dire sur toutes les affaires soumises à la procédure ordinaire, qui n'était autre alors que la procédure *per sacramentum*, et ce n'est probablement que plus tard, à la suite de la création d'autres tribunaux et d'autres juges, que leur compétence fut restreinte aux procès concernant le *status*.

Les procès continuèrent à s'introduire *per sacramentum* auprès des *centumvirs*, autre tribunal permanent, même après que les *legis actiones* eurent cessé d'être la forme de procédure ordinaire. Un passage de Cicéron prouve que la compétence de ce tribunal s'étendait à la matière des *vindicationes*. Elles formaient dans une large mesure le cercle primitif de ses attributions. Ainsi, ce tribunal statuait sur les droits constitutifs du patrimoine, c'est-à-dire sur les droits qui servaient à déterminer la place de chaque citoyen par rapport au cens. — Date-t-il de Servius Tullius, de la loi des Douze Tables, de la *Lex Æbutia?* Son origine donne encore lieu aux conjectures les plus diverses.

CHAPITRE II.

Des choses susceptibles de Revendication.

On peut revendiquer toutes les choses corporelles, tant mobilières qu'immobilières, animées qu'inanimées, qui sont susceptibles du *Dominium ex jure Quiritium* (L. 1, § I., h. t.)

« Après les actions proposées pour une universalité, dit Ulpien, vient l'action destinée à demander des choses particulières » (loi, 1, Ulp. l. XVI, ad. Edictum), — Ce ne sont donc que les choses déterminées et particulières qui peuvent être l'objet de la Revendication, pourvu qu'elles soient susceptibles du *Dominium ex jure Quiritium*. Une universalité, c'est-à-dire un ensemble de biens et de droits, ne peut pas en être l'objet. Il existait en droit romain des actions spéciales pour réclamer ces sortes de choses. Quand on voulait réclamer une hérédité, on avait une action *in rem* spéciale, appelée *petitio hereditatis*. Quand on avait à se plaindre d'une exhérédation ou d'une omission imméritée, on recourait à la *querela inofficiosi testamenti*.

Un texte de Pomponius semblerait en contradiction avec le texte d'Ulpien cité plus haut. « Par cette action, dit-il, on ne revendique pas seulement des choses particulières, mais on peut aussi revendiquer un troupeau de moutons. Il ne faut pas confondre l'*universitas* d'un troupeau avec les autres *universitates juris*, qui se composent de choses et de droits, de créances et de dettes. Le troupeau n'est qu'une *universitas facti*, une collection de choses réunies sous une appellation commune ; il a son existence propre et peut être revendiqué. En effet, le troupeau peut nous appartenir sans que nous soyons propriétaires de toutes les têtes qui le composent.

Un pécule, au contraire, ne peut pas être revendiqué comme *universitas*. Celui à qui il aura été légué sera obligé de revendiquer séparément les différentes choses corporelles qui y sont comprises. Cela tient, au dire de Cujas, à ce qu'un pécule est un droit et non un corps, et que la Revendication ne s'applique pas aux droits.

L'esclave, étant la chose de son maître, peut être revendiqué, tandis qu'une personne libre, même *alieni juris* ne peut pas l'être. La loi 1, § 2, du Digeste, *de rei vind*, indique trois manières qui servaient à vider les contestations sur l'existence ou l'exercice des droits de puissance sur les personnes *alieni juris*. Ce sont les *præjudicia*, les interdits *de liberis exhibendis* et *de liberis ducendis* et la *cognitio prætoria*. Le père cependant peut revendiquer son fils en modifiant l'*intentio* de la formule, *adjectâ causâ*, c'est-à-dire en y indiquant le rapport qui l'unit à son fils.

Le propriétaire de la mère peut revendiquer les petits de l'animal ou de l'esclave, dès qu'ils ont une vie propre. (Dig. de rei vind. loi 5, § 2).

Les terrains sacrés et les terrains religieux ne sont pas
in commercio, ils ne sont pas susceptibles du *Dominium*,
et par suite ne peuvent pas être revendiqués. Il en est de
même pour les pierres apportées à la construction d'un
tombeau, alors même qu'elles n'appartenaient pas au constructeur, parce qu'elles ont pris le caractère religieux avec
le tombeau dont elles font partie... Et, si, par une circonstance quelconque, elles en sont détachées, elles ne devien-
nent pas par le fait même, susceptibles de Revendication.
En effet, il y a eu perte de la propriété et non pas seulement
empêchement d'exercice. Le propriétaire devra recourir à
une *actio in factum* contre le constructeur. Les pierres
pourraient être revendiquées si le monument n'était pas
encore devenu religieux, c'est-à-dire si un cadavre n'y avait
pas encore été déposé. — L'action *in factum* accordée pendant que les pierres sont encore adhérentes au monument,
aboutirait, sans doute, à une indemnité.

« Res extinctæ vindicari non possunt. » (Inst. § 26 de
rer. div.). Sont considérées comme éteintes les choses
dont les parties sont tombées en ruines et celles qui ont
cessé d'avoir une existence distincte, parce qu'elles sont
jointes intimément à un autre corps. Ceci nous amène à
parler de l'accession sous ses différentes formes.

Si je suis propriétaire d'une statue, et que j'y ajoute un
bras appartenant à un autre, je deviens propriétaire de
l'assemblage et pourrai revendiquer cette statue comme
mienne. C'est du moins l'avis des Proculiens, qui l'admettent ainsi toutes les fois qu'il s'agit d'objets dans lesquels
on considère une individualité propre ; une statue, un
vase, etc. Ce qui y est ajouté devient l'accessoire du tout.

— Mais, je suppose que la statue soit entre les mains du propriétaire du bras, et que je la revendique. Celui-ci m'opposera une exception de dol par laquelle je serai forcé de payer le prix de ce qui y a accédé, c'est-à-dire du bras. Si, au contraire, la statue est en ma possession, le propriétaire du bras intentera contre moi une action *ad exhibendum*, par laquelle il m'obligera à séparer sa chose de l'objet principal, pour pouvoir ensuite la revendiquer. L'accession ne détruisait pas son droit de propriété, mais le paralysait momentanément. Un autre cas peut se présenter, celui où il est impossible de séparer l'objet accessoire de l'objet principal. Cela se produit, par exemple, lorsque la soudure a eu lieu sans l'interposition d'un autre métal. Le préteur accorde alors une action *in factum* au propriétaire de l'objet accessoire, action qui lui sert à se faire indemniser. (Dig, de rei vind, loi 23, § 2, 4, 5.)

Justinien consacre dans ses Institutes une exception en faveur de la peinture faite sur un tableau. Il attribue le tableau au peintre, à cause du prix du travail de l'artiste. Je préfère l'opinion de Gaius, qui ne voyait pas de raison suffisante pour justifier la différence faite entre le peintre qui peint sur un tableau et l'écrivain qui écrit sur des tablettes. En effet, tous les peintres ne sont pas des Apelle.

La loi 61 de Julien, à notre titre, donne une solution inverse pour un cas analogue à celui de la loi 23. Julien suivait la doctrine des Sabiniens, et son avis n'a pas prévalu. Aussi pouvons-nous dire avec Paul que le navire construit avec les madriers d'autrui appartient au constructeur.

Examinons maintenant les cas de mélange et de confusion. Le mélange suppose des solides, la confusion des liquides.

Si des choses appartenant à deux personnes ont été mêlées ensemble, il faut distinguer si elles l'ont été par accident, par la volonté d'un seul propriétaire, ou bien par la volonté commune des deux propriétaires. Dans les deux premiers cas, les choses continuent d'appartenir à leurs maîtres respectifs, si elles ont conservé leur nature propre, et l'action réelle compète à chacun d'eux pour la quantité qui lui appartient dans le mélange. Le juge devra tenir compte aussi de la qualité des choses pour que personne n'éprouve de dommage· — Dans le cas où le mélange a été opéré par la volonté des propriétaires, il devient chose commune par indivis, et le partage ne pourra s'effectuer, l'un des propriétaires s'y opposant, que si l'autre recourt à l'action *communi dividundo*. (L. 5, Ulpien, à not. tit.)

Quand il s'agit de confusion, et non de mélange, il est clair que le résultat de l'opération fortuite ou voulue est indivis entre les propriétaires, car aucun des deux liquides n'a conservé sa nature propre.

Voici trois cas examinés par le jurisconsulte dans le § 1 de la loi 5 :

1° Mélange de miel et de vin. — Pomponius et Ulpien pensent que la liqueur ainsi produite n'étant ni du vin, ni du miel, mais de l'œnomel, elle appartient à celui qui l'a faite. C'est un cas de spécification qui donne à son auteur le droit à la Revendication.— Pour que l'œnomel devint commun, il faudrait que le mélange eût eu lieu par accident.

2° De plomb et d'argent fondus ensemble sans le consentement des maîtres. — Chacun reste propriétaire de sa part, car les métaux peuvent être séparés. En cas de refus de l'autre, celui qui voudra recouvrer sa chose intentera d'abord l'action *ad exhibendum*, puis revendiquera.

3° De cuivre et d'or. — Les choses ne pouvant plus être séparées, (1) la Revendication ne compète à aucun des propriétaires. Chacun revendiquera la masse totale pour une part indivise qui sera déterminée en proportion de la valeur des deux métaux inséparables, et l'action *communi dividundo* lui permettra de sortir de l'indivision.

En vertu de ce principe écrit dans les Institutes « Omne quod inedificatur solo cedit, » la maison appartient au propriétaire qui a construit sur son terrain avec les matériaux d'autrui. — Conformément au droit commun, le maître des matériaux devrait pouvoir intenter l'action *ad exhibendum* pour faire séparer ses matériaux du sol et ensuite les revendiquer, mais la loi des Douze Tables s'y oppose, pour que la ville ne soit pas enlaidie. Il devra donc attendre que la maison s'écroule, ou soit démolie par le propriétaire? Non, il a à son service l'action *de tigno juncto*, au moyen de laquelle, il fera condamner le constructeur, même de bsnne foi, à payer le double de la valeur des matériaux. Du temps de Paul, cette action n'était possible qu'au cas de *tignum furtivum*.

Le propriétaire d'une maison n'usucape pas les portes et fenêtres qui y ont été mises par le locataire, parce qu'il ne les possède pas comme objets distincts. Donc, même

(1) Les **Romains** ne connaissaient pas de procédé pour séparer ces métaux.

après un an de silence, l'ancien locataire pourra les revendiquer. Ulpien lui accorde même une action *ex conducto*, qui lui permettra d'enlever les portes et fenêtres ajoutées, à condition de rendre à la maison son aspect primitif. (Dig., loi 19, § 4, locati conducti.)

Si j'ai bâti avec mes matériaux sur le terrain d'autrui, d'après les principes, le propriétaire du terrain devient propriétaire de la maison.

Les arbres qui ont poussé des racines sur le terrain d'autrui sont assimilés aux parties soudées sans interposition d'autre métal. De même que celles-ci cessent complétement d'appartenir au maître primitif et ne lui font pas retour lorsqu'elles viennent à être détachées, de même aussi, le propriétaire des *arbres* perd complétement sa propriété : S'ils sont arrachés, ils ne lui *retournent* pas, parce que, dit Paul, (l. 26, p· 2. D — de adq. rer. dom.) la nourriture qui leur a été fournie par un autre sol en a fait des arbres nouveaux. Mais, au dire d'Ulpien, (loi 5, p. 3. Ulp. lib. XVI, ad Edict.), Varus et Nerva donnaient l'action réelle utile au précédent propriétaire ; action par laquelle celui-ci demandait l'arbre, comme s'il était encore à lui. Si le propriétaire du terrain aimait mieux garder l'arbre, il devait lui payer une indemnité.

Le trésor, c'est-à-dire : « Vetus quœdam depositio pecuniæ, cujus non extat memoria, ut jam non dominum habeat » appartient au propriétaire du terrain, lorsqu'il l'y a trouvé lui-même, et seulement pour moitié, lorsque c'est un tiers qui l'a découvert chez lui. L'autre moitié est à l'inventeur. Si c'est simplement de l'argent oublié ou perdu, le propriétaire peut toujours en revendiquer la totalité.

Les fruits pendants sont réputés faire partie du fonds ; le sol n'est pas seulement le support de la maison, mais en est une partie. Tant que la maison subsiste, le sol ne peut pas être revendiqué sans la maison, ni la maison sans le sol. Il résulte de ces deux décisions des lois 44 et 49, à notre titre, que lorsqu'une chose est réputée faire partie d'une autre, elle est restituée avec elle. Il n'en est pas de même pour l'*instrumentum*, (*id quod instruit*), ce qui sert à la compléter. Ces objets, tels que les ancres d'un navire, etc., sont soumis à une Revendication spéciale.

On ne peut revendiquer une chose *in genere*, comme un cheval en général ; la Revendication ne s'applique qu'à l'espèce, *in specie*, tel cheval. Aussi, faut-il que le demandeur détermine bien exactement, dans sa demande, l'objet qu'il entend revendiquer.

Une chose est susceptible d'être revendiquée, soit en totalité, soit par partie. On peut même revendiquer une partie d'une chose qui ne peut pas se diviser sans périr, comme un cheval, une table ; le tiers, le quart d'un champ. Dans ces exemples, la partie revendiquée est déterminée. Mais il peut se faire que je revendique une chose indéterminée, par exemple, ce qui me revient d'un testament soumis à l'application de la loi Falcidie. Mon incertitude est ici la juste cause qui a pu me faire accorder le droit à une *vindicatio incertæ partis*.

Quand les deux parties sont d'accord sur l'objet revendiqué, peu importe qu'il y ait erreur sur le nom (loi 5, p. 4. Ulpien, lib. XVI ad Edictum.) Mais si les parties ne sont pas d'accord ? Pomponius dit qu'il ne peut y avoir lieu à aucune condamnation, mais Paul n'est pas de son avis.

En effet, on conçoit que la stipulation soit inutile quand l'erreur des parties porte sur l'objet même du contrat, mais en matière de Revendication, où l'une des parties subit l'action malgré elle, il faut toujours ajouter foi au demandeur ; car, s'il suffisait au défendeur, pour empêcher la condamnation, de dire qu'il a entendu que la chose demandée était une autre que celle que le demandeur avait en vue, la poursuite serait trop facilement éludée.

CHAPITRE III.

A qui la Revendication est-elle accordée?

———

Le principe général est que cette action est accordée à celui qui se prétend propriétaire. Elle ne peut être intentée que par lui.

C'est à celui qui avance un fait contraire à l'ordre naturel des choses, à l'état actuel des faits, à établir qu'il a raison; en un mot, c'est au demandeur à prouver l'existence de son droit; c'est donc au revendiquant à démontrer qu'il est propriétaire, et de cette preuve faite dépend le succès de sa demande.

Le revendiquant peut être devenu propriétaire de l'objet qu'il réclame, soit par un mode originaire, et alors sa tâche sera achevée dès qu'il aura établi le fait primitif d'appropriation; soit par un mode dérivé, et alors s'élève la question de savoir quelle est la preuve qui lui incombe. Lui suffira-t-il de prouver qu'il a acquis la chose par un mode régulier d'acquisition, par une *mancipation*, une cession juridique? et sera-ce ensuite au défendeur à prouver que l'un des auteurs du demandeur n'était pas propriétaire? Ou bien faudra-t-il qu'il prouve, non seulement qu'il a acquis par un mode régulier, mais encore que tous ses auteurs étaient propriétaires?

La question doit, je crois, être résolue dans le sens de la seconde opinion. Le revendiquant devra donc établir que la propriété de la chose qu'il réclame, avant d'exister chez lui, existait auparavant chez son auteur immédiat, et que ce dernier avait été investi en vertu de tel acte par l'auteur précédent, etc. ; en un mot, le revendiquant sera dans la nécessité de prouver la propriété dans la personne de tous ses auteurs.

On comprend qu'il eut été à peu près impossible de remonter ainsi de possesseur en possesseur jusqu'à celui qui avait tenu la chose par occupation. Cette *probatio diabolica* devint inutile en effet, grâce à l'usucapion « *bono publico introducta* » et à l'action Publicienne.

Le demandeur n'aura qu'à prouver, que par lui ou par quelques-uns de ses auteurs, la chose a été possédée *ex justâ causâ*, pendant un temps assez long pour que l'usucapion ait pu s'accomplir, et même, plus simplement encore, il n'aura qu'à se servir de l'action Publicienne qui suppose l'usucapion accomplie. Dans cette action, il suffit au demandeur de prouver qu'il a acquis la possession *ex justâ causâ*.

Les difficultés de la position du demandeur sont ainsi considérablement aplanies ; et, ne le seraient-elles pas, je ne verrais pas dans ces difficultés une raison suffisante pour mettre la preuve à la charge du défendeur. D'ailleurs, on rendrait par là même le rôle du défendeur plus difficile que celui de son adversaire, car il lui serait, la plupart du temps, impossible de prouver que l'un des auteurs du demandeur n'était pas propriétaire.

Examinez le résultat bizarre auquel nous conduirait ce

système ! Je suppose deux adversaires en présence. Aucun ne peut prouver l'absence de propriété chez les auteurs de l'autre. C'est donc le revendiquant qui gagne le procès. Celui qui ne possède pas l'emporte sur celui qui possède ! Que devient alors la maxime : « *In pari causâ melior est causa possidentis* » — Et de plus, par un procédé des plus simples, le demandeur pourrait dans le système opposé au nôtre, se débarrasser du fardeau de la preuve. Il n'aurait qu'à transférer sa propriété à un ami, qui, lui, n'aurait qu'à prouver l'acte de translation, tandis que le défendeur devrait prouver l'absence de droit chez l'auteur de l'ami. — Ce résultat est étrange et inadmissible. Le défendeur n'a rien à prouver, telle est notre opinion. *Sufficit ei quod possideat.*

Peut-on revendiquer une chose acquise *ex jure gentium ?* Cette question revient à celle-ci : « Peut-on acquérir le *Dominium, ex jure Quiritium* par un mode du droit des gens ? Nous répondons affirmativement.

Paul dit dans la loi 23 pr. h t. : « *Actio in rem competit ei qui aut jure gentium, aut jure civili dominium adquisivit.* » Certains auteurs croient à une interpolation. C'est une erreur. Dans l'ancien droit, les Romains reconnaissaient à la tradition, appliquée à une *res nec mancipi*, le même effet qu'à la *mancipatio* appliquée à une *res mancipi*, c'est-à-dire celui de transférer le *Dominium ex jure Quiritium*. Qu'y a-t-il à cela d'étonnant ? Les contrats *ex jure gentium*, tels que la vente, le louage, et par excellence les contrats *solo consensu*, n'engendrent-ils pas des actions personnelles *ex jure Quiritium ?* D'ailleurs, cette phrase d'Ulpien est irréfutable : « *Traditio propria est alienatio rerum nec mancipi : harum rerum dominia*

2

ipsâ traditione adprehendimus, scilicet si ex justâ causâ tradita sint nobis. »

Si le propriétaire qui a perdu sa possession, peut s'y faire remettre sans intenter la Revendication, il y trouvera un immense avantage. En effet, il importe, à celui qui se propose de revendiquer une chose, d'examiner s'il ne peut pas, en se faisant maintenir dans une possession contestée ou troublée, en se faisant restituer une possession perdue, s'assurer le rôle de défendeur, toujours plus avantageux. Suivant le conseil de Gaius, (loi 24, Gaius, lib. VII, ad Edict. provinciale,) il sera prudent, pour le revendiquant, de rechercher, avant d'intenter l'action, s'il ne peut pas invoquer quelque interdit qui lui fasse d'abord recouvrer la possession, et le place désormais dans la position de défendeur. Bien des fois, en effet, il pourra se trouver dans le cas d'invoquer l'interdit *retinendæ ou recuperandæ possessionis.* Si cependant le demandeur s'était engagé imprudemment dans la voie de la Revendication, il ne perdait pas pour ce motif le droit d'user des interdits.

Le demandeur devant être propriétaire, on peut se demander à quelle époque il doit avoir cette qualité. Est-ce au moment de la Litiscontestation? Au moment du jugement? Ou bien aux deux époques? — Nous répondons: Aux deux :

S'il n'était pas propriétaire au moment de la Litiscontestation, et le devenait avant le jugement, le juge ne pourrait pas lui tenir compte de ce changement; car la question ne lui avait pas été soumise ainsi modifiée. Le demandeur sera condamné, sans perdre pour cela le droit à introduire une nouvelle action basée sur sa nouvelle qualité. Si, au contraire, étant propriétaire au moment de la Litiscontestation, il a cessé de l'être avant le jugement, par suite de l'usucapion du possesseur, il ne devra pas en souffrir, les lenteurs de la procédure ne pouvant équitablement nuire à ses intérêts.

Le juge, en prononçant la sentence, doit reconnaître le droit du demandeur comme présent et actuel ; voilà la règle. L'exception précédemment rapportée est un tempérament d'équité.

Nous savons qu'il n'y a pas à considérer la prise de possession pour que l'héritier devienne propriétaire. Il l'est à l'instant même de la délation de l'hérédité, s'il est héritier nécessaire, et de l'adition, s'il est héritier volontaire. Il peut donc revendiquer une chose sans l'avoir jamais possédée, mais comme propriétaire, et non comme héritier du propriétaire. Si, par exemple, il voulait exercer un interdit possessoire, il ne le pourrait pas avant d'avoir pris possession.

L'acheteur, lui, à la différence de l'héritier, ne peut revendiquer la chose achetée que si elle lui a été livrée, et que s'il en a perdu la possession. La tradition, en effet, l'a seule rendu propriétaire ; jusquelà, il n'avait qu'une action personnelle contre le vendeur. Ajoutons que le consentement des parties suffit pour qu'on puisse considérer la tradition comme faite, dans le cas où l'acheteur était dépositaire de l'objet possédé ou le détenait avec ou sans titre.

Celui qui a actuellement la propriété sera reçu à intenter la Revendication, que son titre de propriétaire lui soit ou non définitivement acquis. Je m'explique :

Il y a des cas où l'on peut n'être propriétaire que sous

condition résolutoire ; celui, par exemple, et c'est le seul de l'ancien droit, où la propriété est subordonnée à la réclamation d'un legs *per vindicationem* de la chose, *ex die ou sub conditione*, — et depuis Ulpien, quoiqu'il l'ait proposé avec hésitation, celui auquel donne lieu *l'in diem addictio*. Nous ne referons pas ici la théorie de cette forme de la vente, nous expliquerons seulement la difficulté qui avait pu pousser Ulpien à s'exprimer en termes si dubitatifs (Dig. loi 29, *de mortis causà donat.*) Une vente est faite sous cette condition que, si le vendeur reçoit une offre plus forte de sa marchandise, elle sera considérée comme non avenue. Supposons que, d'après l'intention des parties, la vente soit pure et simple, que sa résolution seule soit en suspens. Voici l'acheteur devenu propriétaire et pouvant agir en Revendication, s'il perd la possession. La condition a lieu ; la vente est résolue. La propriété revient-elle au vendeur *ipso jure* ? C'est contraire aux principes. Cependant Ulpien répond affirmativement, et comme une loi du Code consacre expressément son opinion (Code, loi 2, *de donat, quæ sub modo vel*, etc. ; *vatic. Fragm.*, § 283) nous en concluons que la propriété d'une chose peut être transférée jusqu'à un certain temps ou une certaine condition.

Ulpien s'écarte encore de l'opinion de son temps dans le cas suivant : Il s'agit d'une femme qui par lettre fait savoir à un homme qui n'est pas son mari (les donations etant défendues entre époux), qu'elle lui donne tel fonds, et qu'elle prend ce même fonds à ferme. La femme par là renonce à son droit de propriété, en reconnaît l'existence chez une autre personne, et possède pour autrui. Ulpien prétend que le donataire pourra revendiquer ; il est donc devenu propriétaire sans que la tradition ait eu lieu, ce qui est contraire aux principes. Seulement, Ulpien ajoute timidement que le donataire étant en possession au moment de l'envoi de la lettre, aucune tradition n'était nécessaire. Le donataire continue à posséder, mais *animo domini*.

La vente, consentie par le mandataire du propriétaire et suivie de la tradition, confère à l'acheteur le droit d'intenter la *rei vindicatio*. C'est par l'intermédiaire du représentant que la propriété arrive à l'acheteur, d'après la volonté expresse ou tacite du maître de la chose.

Si la femme protégée par le Senatus-consulte Velléien, a donné sa chose en gage, elle pourra la réclamer par la *rei vindicatio*, et même la poursuivre par cette action entre les mains du tiers qui l'aurait achetée du créancier gagiste. (Dig, loi 32, § 1, ad senatus c. vell.)

Une conséquence du principe que la revendication n'est accordée qu'à celui qui se prétend propriétaire : Un individu ne peut pas revendiquer une chose achetée par autrui, avec son argent à lui, qu'il ait prêté ou non cet argent. La chose achetée appartient à l'acheteur. Cependant, le préteur était venu en pareil cas au secours d'une certaine classe de personnes, et leur accordait une *rei vindicatio utilis*, qui leur permettait de réclamer la chose achetée contre tout possesseur, fût-il l'acheteur lui-même, qui a cependant la Revendication directe.

Nous empruntons trois exemples à M. Pellat :

1° Le militaire, dont l'argent, *castrense* ou non, a été employé par une autre personne à un achat, peut demander la chose achetée par une *rei vindicatio utilis*, sans distinguer s'il a d'ailleurs une action personnelle en indemnité.

2° Les personnes soumises à la tutelle ou à la curatelle, quand leur tuteur ou curateur a acheté pour lui-même une chose avec leurs deniers, ont une *rei vindicatio utilis* contre le tuteur ou curateur ou contre tout autre possesseur.

3° Un époux, qui a donné une somme d'argent à son conjoint, peut, attendu la nullité des donations entre époux, revendiquer ses écus, ou, s'ils sont dépensés, les redemander par condiction jusqu'à concurrence de ce dont l'époux donataire s'est enrichi. Il peut aussi, si celui-ci est insolvable, demander par la *rei vindicatio utilis*, la chose achetée de son argent.

Nous pouvons maintenant nous demander pourquoi la Revendication n'est jamais donnée au possesseur, question bizarre s'il en fut ; mais quelques auteurs ont prétendu que le possesseur a parfois un intérêt évident à intenter cette action. En effet, ont-ils dit, il peut se faire que tel possesseur ait actuellement entre ses mains des preuves de sa propriété qui peuvent disparaître d'un moment à l'autre, que se voyant guetté par un adversaire, il veuille prendre les devants et faire constater son droit de propriété. Il redoute que ces héritiers, moins vigilants que lui, ne succombent dans la lutte. Tout cela est fort possible. Mais Ulpien répond avec raison : « *Sufficit ei quod possideat.* » La crainte d'un procès ne confère pas une action. Le possesseur retire tous les avantages inhérents à la propriété. Personne encore ne lui conteste son droit ; il n'est pas troublé ! Et s'il l'était, n'a-t-il pas à son service les interdits possessoires ? Donc, le possesseur n'a pas d'intérêt à avoir cette action. Dans la plupart des cas, il lui suffira d'attendre que le propriétaire, ou celui qui se prétend tel, attaque, et sa qualité de possesseur et de défendeur, en cas de doutes sur la propriété, lui assurera toujours la préférence.

Du reste, le droit romain refuse au possesseur le droit d'intenter la Revendication, peut-être parce qu'il lui offre un autre moyen, *un præjudicium*, mesure provisoire que le défendeur pourra opposer à son adversaire dans le procès ultérieur. Ce *præjudicium* est une formule consistant seulement en une *intentio*, sans *condemnatio*, ou le préteur pose au juge la question de savoir si le possesseur est propriétaire, sans le charger de condamner, ni d'absoudre personne.

Une discussion sans importance, au point de vue des principes, s'est élevée au sujet d'une phrase de Justinien : « *Sane uno casu qui possidet nihilominus actoris partes sustinebit.* » Nous ne faisons que la signaler ici, parce que quelques auteurs ont prétendu que le cas unique en question est celui où le propriétaire *qui possède* peut intenter la revendication contre l'individu qui détient en son nom.

CHAPITRE IV.

Contre qui est accordée l'action en Revendication.

Pour être passible de l'action en Revendication, il faut ou bien posséder la chose ou la détenir (L. 9, D. L. VI, I), ou enfin avoir commis à l'égard du demandeur un dol qui fasse envisager l'auteur de ce dol comme s'il possédait la chose, d'après la règle exprimée à la L. 131, D. L, 17 : *Dolus pro possessione est.* (Molitor, la Possession.)

Nous savons que c'est au demandeur à prouver qu'il est propriétaire ; cette preuve une fois faite, peu importe la cause qui a déterminé la possession du défendeur ; le Juge doit le condamner à restituer. Dans la *petitio hereditatis* au contraire le défendeur est tenu de signifier à quel titre il possède. Est-ce *pro herede?* ou *pro possessore?* C'est là une différence importante avec la Revendication.

Quel caractère doit avoir la possession, pour que la Revendication soit efficacement dirigée contre le possesseur? — Il existe plusieurs degrés de possession. La possession proprement dite exige la détention et l'*animus domini,* c'est celle du créancier gagiste et du voleur. L'autre qu'on appelle *détention* consiste dans le fait physique qu'indique ce mot. Juridiquement on appelle la première *possessio*

civilis et la seconde *possessio naturalis.* Outre la différence que nous venons de signaler entre ces deux catégo-
ries de possession, en voici une seconde : à l'une, sont
accordés les interdits possessoires, tandis qu'ils sont
refusés à l'autre. La possession *ad interdicta*, la vraie,
celle qui conduit à l'usucapion, celle qui exige la juste
cause et la bonne foi, n'a jamais été demandée même par
Pegasus pour qu'on fût passible de la Revendication. Il
suffisait d'après lui et quelques jurisconsultes que le possesseur eût avec la détention, l'*animus domini*. Ils ne la
regardaient donc pas comme valablement intentée contre
le simple détenteur, tel que le commodataire, le dépositaire, le locataire, etc. Ulpien repousse cette opinion. (Dig.
loi 9, de rei vindic.) Il autorise le demandeur à poursuivre directement celui qui *naturaliter tantum possidet,*
le détenteur, puisqu'il est en mesure de rendre la chose.
Toutefois, si le demandeur connaît le possesseur, il lui
est plus avantageux de s'adresser à lui, et d'intenter contre lui l'action en Revendication. D'abord il interrompra de
suite la prescription de ce possesseur ; en outre, il ne s'ex-
posera pas à avoir deux procès pour un, car si le demandeur s'adresse au détenteur, et que celui-ci ne nomme pas
le possesseur, au nom duquel il détient, le jugement qui
interviendra ne liera pas ce possesseur. Celui-ci pourra
donc à son tour actionner le demandeur qui a triomphé du
simple détenteur. Le premier procès aurait cependant eu
pour effet de faire perdre au véritable possesseur l'avantage de la défense. (Molitor.)

Il y a donc des inconvénients, et pour le demandeur, et
pour le véritable possesseur, à ce qu'une instance soit

intentée, et surtout à ce qu'elle soit suivie contre un simple détenteur. Une constitution de Constantin est venue modifier cette doctrine d'Ulpien.

Constantin imposa au détenteur poursuivi en Revendication, l'obligation de nommer son auteur, et au juge de lui en faire la demande. Si le détenteur obéit et *nommat auctorem*, le juge fixera un délai dans lequel le véritable possesseur sera tenu de se présenter. S'il fait défaut après seconde citation, le juge pourra adjuger la possession au demandeur ; tout en réservant, bien entendu, la faculté pour l'absent de faire prévaloir son droit dans une seconde instance. Mais, que l'auteur appelé comparaisse ou non, le premier appel aura eu déjà pour effet d'interrompre la prescription, et dans la seconde instance, les rôles du demandeur et du défendeur seront intervertis. Si le détenteur refuse de faire connaître celui pour qui il possède, la constitution n'a édicté aucune sanction ; il sera donc simplement poursuivi, et condamné, s'il succombe, à rendre la chose au demandeur. Le texte d'Ulpien reprend alors son empire. (L. 9, D. VI. 1.)

Le droit pour le *verus possessor* d'intenter la *rei vindicatio* contre le demandeur triomphant reste intact, car le jugement est quant à lui *res inter alios acta*.

M. Molitor est d'avis que le détenteur qui ne nomme pas son auteur ne doit pas être considéré comme *fictus possessor qui dolo liti se obtulit*. Il n'est jamais *fictus possessor*, parce qu'il est détenteur et qu'il a la faculté de restituer. Nous reparlerons, dans un instant, de la *ficta possessio*.

A quelle époque doit exister la possession du défendeur?

Au moment de la Litiscontestation et au moment du jugement, semble dire Paul, à la première inspection de notre
loi 27, puis il ajoute : « Pour que l'action en Revendication
soit donnée contre le possesseur, il n'est pas nécessaire
que celui-ci possède déjà au moment de la Litiscontestation.
Si, quoique non possesseur alors, il acquérait la possession avant le jugement, il pourrait être valablement condamné. » Il est facile de justifier cette dernière décision.
Du moment que le défendeur est en possession au moment
du jugement, il peut restituer. Quel profit y aurait-il à obliger le demandeur d'intenter une nouvelle action? Aucun.
— L'apparente contradiction entre le commencement et la
fin du texte de Paul, s'explique par une inadvertence des
compilateurs qui ont dû faire disparaître les traces d'une
controverse engagée. La dernière phrase est l'opinion à
laquelle Paul s'arrêtait.

Il se pourrait que, faute de renseignements exacts, le
demandeur intentât l'action en Revendication contre un
individu qui n'est ni possesseur, ni détenteur. Pour éviter
un tel inconvénient, il devra interroger le magistrat ou le
défendeur. Ce dernier doit répondre à sa question, mais il
ne serait pas obligé de dire s'il est propriétaire, et pour
quelle part il l'est.

Voici maintenant deux cas exceptionnels de *ficta possessio*. La revendication est ici dirigée contre un non-pos-
sesseur, par application de la maxime : *Dolus pro possessione est.* •

Premier cas : Je revendique une chose contre un individu
qui a prétendu faussement la posséder. Il peut s'offrir
ainsi à mon action pour donner au véritable possesseur le

temj : d'usucaper. S'il est avéré que je ne connaissais pas le po sesseur, et que j'aie été trompé par cette ruse, le défenc ur sera condamné à tous les dommages-intérêts, sans préjudice de l'action que je pourrai toujours intenter contre le véritable possesseur, alors même qu'il aurait usucapé.

Deuxième cas : Il est exprimé par la règle : *Semper qui dolo fecit quominus haberet, pro eo habendus est ac si haberet.* Celui qui. possédant une chose, cherche à s'en défaire de manière à rendre au propriétaire la Revendication impossible, est, à cause de ce dol, envisagé comme possesseur, et le propriétaire aura contre lui l'*actio in rem,* ou l'*actio ad exhibendum.* Le propriétaire aura le choix de poursuivre contre un tel possesseur, soit l'estimation de la chose suivant l'appréciation du juge, soit la valeur fixée par son propre serment.

Le défendeur, comme nous venons de le voir, est donc dans ce cas responsable du dol commis avant la Litiscontestation ; ce qui est contraire à la règle générale. Ce résultat fut obtenu par une constitution du temps d'Adrien, à propos de la pétition d'hérédité. Elle décidait, par analogie avec la pétition d'hérédité, que, non-seulement, le possesseur qui avait abandonné la chose pour donner au demandeur un autre adversaire, mais aussi celui qui l'avait purement délaissée avec l'intention de perdre la possession pour empêcher l'action, seraient passibles de l'action *in rem* ou de l'action *in factum.* Le défendeur n'a pas, dans ce cas, fourni la *clausula doli* de la caution *judicatum solvi,* et il est cependant responsable de son dol.

Le propriétaire a deux actions, la Revendication de la

chose contre le *verus possessor* et la poursuite de l'estimation contre le *fictus possessor*, mais il n'a plus cette dernière s'il a été complétement désintéressé en intentant la
première. Nous sommes d'avis que s'il a d'abord agi contre le *fictus possessor*, et a obtenu les dommages-intérêts et l'estimation fixés par l'*arbitrium*, cette estimation
ne valant pas vente, il conserve la Revendication contre le
possesseur véritable ; si l'estimation obtenue est celle que
lui-même a fixée par le *juramentum*, il perd toute action
contre le *verus possessor*, car il est censé désintéressé.

L'héritier de celui qui a cessé de posséder par dol n'est
tenu de l'action du propriétaire que dans la mesure de son
enrichissement.

Il est clair que l'*infans*, le *furiosus* et tous ceux qui à
cause de leur âge ou de leur faiblesse sont incapables de
dol ou de faute, ne sont pas soumis à l'action *in factum*. —
Le pupille pourrait cependant être condamné pour le fait
du tuteur, si celui-ci est solvable et capable de le rembourser, au *quantum* déterminé par le juge.

Quid de l'espèce suivante? J'achète de Titius un esclave
qui appartient à Mœvius. Celui-ci le revendique contre
moi ; en ce moment, je le vends à un tiers, qui, plus tard,
le tue. Evidemment, je suis responsable de la perte de
l'esclave, puisque je l'ai vendu.

Si je l'ai vendu, avant la Litiscontestation, étant encore
de bonne foi, Mœvius pourra le revendiquer contre le possesseur actuel, mais pas contre moi. Si le possesseur avait
usucapé l'esclave, Mœvius aurait encore contre moi l'*actio
negotiorum gestorum utilis* pour se faire restituer le prix
de vente. — Mais si j'avais vendu, étant de mauvaise foi,

après la Litisconstestation, le propriétaire pourrait agir contre moi par la Revendication ou l'action *ad exhibendum*...

Lorsque le défendeur perd la possession après la Litiscontestation, il faut distinguer trois cas. Il la perd par son dol, par sa faute, ou par hasard.

Par son dol ; il est tenu de l'estimation faite, soit par le juge, soit par le *juramentum in litem*, au choix du demandeur.

Par sa faute ; le défendeur est tenu de l'estimation arbitrée par le Juge, mais il acquiert une *actio utilis* contre le *verus possessor*.

Par le hasard ; *nec fraude nec culpâ* ; le possesseur de bonne foi doit être absous ; mais le possesseur de mauvaise foi est tenu, à moins toutefois que l'événement ne soit tel qu'il eût également frappé la chose dans les mains du défendeur.

Lorsqu'un *pater familias* possède une chose par son fils ou par son esclave, et qu'un tiers revendique cette chose en l'absence du fils ou de l'esclave, il n'est pas coupable de ne pouvoir restituer. Alors le juge l'absoudra, seulement s'il consent à fournir une caution, on retardera le jugement jusqu'au temps moral nécessaire pour le retour du détenteur. Passé ce temps, le *pater familias* serait condamné à l'estimation.

Supposons un défendeur mort pendant le procès, nous avons déjà dit que la Revendication était donnée contre l'héritier du possesseur. S'il est mort après la Litiscontestation, le procès continue, et si les héritiers ne possèdent pas, et qu'ils soient exempts de faute et de dol, ils seront absous comme le défunt l'aurait été, si lui-même n'avait commis ni faute, ni dol ; mais si, au contraire, ce dernier avait cessé de posséder avant de mourir en se rendant responsable pour ces motifs, les héritiers succédant à ses obligations, répondraient du dol et de la faute de leur auteur. — S'il est mort avant la Litiscontestation, ayant à cette époque cessé par dol de posséder, l'héritier n'est pas tenu, car on ne peut intenter contre un héritier, une action pénale née d'un délit commis par son auteur. Les actions pénales sont personnelles. — Si l'héritier a été enrichi par ce dol, il sera tenu seulement dans la mesure de son enrichissement. — Ainsi donc, en principe, l'héritier n'est poursuivi que comme possesseur. Il suit de là, que sur deux héritiers, un seul sera inquiété, s'il est seul possesseur de la chose revendiquée.

Parcourons encore quelques hypothèses relatives au possesseur :

1° Je suis propriétaire de la moitié d'un champ possédé par mon copropriétaire Primus et un tiers Secundus. Je veux revendiquer ma moitié. Voici le procédé conforme aux principes : Si le fonds est possédé par indivis, je suis obligé pour avoir ma moitié qui se trouve autant dans le lot de Primus que dans celui de Secundus, d'attaquer les deux. Mais alors, Primus, privé d'un quart, revendiquera l'autre quart contre Secundus ; d'où lenteurs, circuits d'action, ennuis pour les demandeurs successifs aussi bien que pour le défendeur deux fois attaqué. Ulpien, dans la *petitio hereditatis*, permet au revendiquant d'attaquer exclusivement le tiers pour la restitution de la moitié qu'il détient. Les inconvénients sont ainsi écartés. La Revendication suit,

en effet, les mêmes règles que la *petitio hereditatis*. — Si
le fonds est possédé par parts divises, je suis propriétaire
d'une moitié par indivis dans la part physique possédée par
le tiers et dans celle possédée par Primus; j'intenterai donc
une action en Revendication, et contre le tiers, et contre son
copropriétaire Primus, sauf pour ce dernier la faculté de
réclamer au tiers l'autre quart qu'il continue à posséder. —
Cette distinction entre posséder *pro diviso* et *pro indi-
viso*, ne s'applique ni aux choses mobilières, ni à une hérédité, comme le fait remarquer le jurisconsulte Paul, ces
choses ne pouvant être possédée *pro diviso*.

2° Deux adversaires revendiquent en même temps le
même fonds, celui de Sempronius. *Quid* si les deux juges
reconnaissent les deux prétentions fondées? le possesseur
va-t-il subir une double perte? Non. Le juge qui le premier
rendra sa sentence, ordonnera, d'après Alfénus, au revendiquant vainqueur Primus, de fournir à Sempronius caution de se substituer à lui dans le procès à soutenir contre
Secundus. Qu'importe d'ailleurs cette caution au point de
vue du défendeur. Il n'est passible d'aucune condamnation
puisqu'il a cessé de posséder par ordre du juge, *nec fraude,
nec culpâ*. (loi 57, de hered. pet.)

3° Voici une espèce analogue à la précédente :

Le possesseur d'un esclave est poursuivi simultanément
par Primus, qui se prétend propriétaire de l'esclave et le
revendique, et Secundus, qui intente contre lui l'*actio
furti noxalis*, à raison d'un vol commis à son préjudice
par cet esclave. Le possesseur va-t-il succomber dans les
deux cas? — Si le juge de l'action réelle rend le premier
sa sentence et la rend en faveur de Primus, il obligera

celui-ci à fournir caution de désintéresser Secundus au cas où il triompherait dans l'*actio noxalis* Si le juge de l'action noxale est plus diligent, et ordonne par exemple que l'esclave soit à raison du délit cédé à Secundus, et que plus tard Primus soit reconnu propriétaire, Secundus sera passible de l'action en Revendication, qu'il repoussera par une exception de dol, afin de se faire indemniser. Donc, dans aucun cas, après avoir été dépouillé de la chose, sans sa faute, sans son dol, le possesseur ne peut être condamné. Les débats s'élèvent entre les deux revendiquants.

Si un possesseur pour se soustraire à l'action réelle a prétendu ne pas posséder, et que le juge ait reconnu son mensonge par les preuves du demandeur, la possession sera transférée à ce dernier. Quel est le juge qui doit intimer cet ordre ? La question a donné lieu à de vives controverses. Est-ce le juge de l'action réelle ? Est-ce le juge de l'interdit ? L'interdit *quem fundum*, n'existant plus sous Justinien il n'est pas douteux que l'ordre était alors donné par le juge de la Revendication. Mais à l'époque classique ?

Même depuis la découverte, dans les *Institutiones* d'Ulpien, des interdits doubles : « *tam adipiscendæ quam recuperandæ possessionis*, » M. Pellat continue à soutenir que cette translation de possession était ordonnée par le juge de l'action en Revendication, basant son opinion sur cette phrase de notre texte : « *Licet suam esse non adprobaverit.* » Pourquoi, dit-il, faire remarquer, dans une instance au possessoire, que le demandeur est dispensé de prouver son droit de propriété ? Cela va de soi ! Donc, il

3

faut voir là une exception aux principes de la Revendication, et le demandeur, malgré les dénégations et à cause
des dénégations du défendeur, a droit d'exiger l'action réelle.
Suivant d'autres interprètes, la loi 80 fait allusion à l'interdit *quem fundum*, par lequel le possesseur qui ne veut pas
défendre au procès en Revendication, est forcé de transférer la possession au demandeur. « Toute la question,
disent-ils, roule sur la possession. Comment peut-il être
ci question de revendication? Le défendeur possède-t-il
iou non? C'est un point de fait à résoudre. Rien n'est jugé
en dehors de la possession. Un procès pourra plus tard
s'élever, dans lequel le possesseur, actuellement dépouillé,
réclamera la propriété de la chose. L'ordre de restituer est
donné par le juge de l'interdit. »

Le défendeur peut opposer des exceptions au demandeur, c'est-à-dire invoquer des moyens qui auront pour
effet de paralyser le droit de son adversaire. Nous pouvons
mentionner :

1° L'exception fondée sur ce que le défendeur serait lui-
même propriétaire;

2° Celle tirée de ce que la chose a péri *sine dolo et culpâ
possessoris*; (cette exception ne peut pas être invoquée
par celui dont la possession est violente ou furtive, ni par
le possesseur de mauvaise foi après la Litiscontestation, à
moins toutefois qu'il ne prouve que la chose aurait également péri chez le demandeur;)

3° L'*exceptio doli* fondée sur les impenses que le possesseur peut avoir faites à la chose, et pour le remboursement desquelles il a le droit de rétention. Il faut cependant
distinguer entre les impenses nécessaires et les impenses

utiles, entre le possesseur de bonne foi et le possesseur de mauvaise foi.

Le possesseur de bonne foi a l'*exceptio doli* qui aboutit à un droit de rétention pour toutes dépenses faites dans l'intérêt de la culture et pour la conservation de la chose; résultat équitable qui empêche le demandeur de s'enrichir aux dépens du défendeur. Il peut l'opposer aussi pour les dépenses utiles, mais le remboursement dépendra alors, pour la plupart du temps, de l'arbitrage du juge.

La loi 38, VI, D. à notre titre, trace pour cet arbitrage les règles suivantes :

Si les impenses utiles sont telles que le propriétaire les aurait faites lui-même, ou si le propriétaire est disposé à vendre la chose, le remboursement devra avoir lieu, mais le revendiquant aura le choix de payer, soit le prix de la main d'œuvre et des matériaux, soit la plus value ; il pourra demander, en outre, qu'il soit fait réduction des fruits perçus par le possesseur de bonne foi. Hors ces deux cas, la restitution des impenses est absolument abandonnée à l'arbitrage du juge qui peut en fixer le montant comme il l'entend et suivant la position des parties, ou bien permettre que les choses qui ont été attachées au sol soient enlevées, si elles peuvent l'être avec profit pour le possesseur, et sans détérioration pour la chose principale. (L. 27, 28, 29, 30, D. eod.) Les dépenses utiles sont celles qui, sans être faites pour conserver la chose, l'ont améliorée, en ont augmenté la valeur. On comprend qu'elles ne soient pas soumises à un principe absolu. Les décisions du juge devaient être inspirées par les circonstances et l'équité.

Certains auteurs ont voulu accorder au possesseur de

bonne foi, outre le droit de rétention pour les dépenses utiles, une *actio negotiorum gestorum utilis* ; c'est à tort, car le possesseur a certainement eu l'intention de gérer, non les affaires d'autrui, mais les siennes, puisqu'il se regardait comme propriétaire.

D'autres ont voulu lui accorder une *actio in factum* fondée sur ce que le propriétaire de la chose revendiquée ne saurait s'enrichir au dét.iment du possesseur. Il faudrait pour cela que le propriétaire s'enrichît *cum injuriâ*, c'est-à-dire en ayant lui-même concouru aux dépenses, en les ayant autorisées, en un mot, il faudrait un *negotium contractum* qui n'existe pas entre le demandeur et le défendeur ; donc celui-ci n'a droit qu'à la Rétention. —

Quelle sera la position du possesseur de mauvaise foi ? Comme le premier, il aura l'exception de dol pour se faire rembourser toutes les dépenses nécessaires. Mais *quid* quant aux dépenses utiles ? D'après des textes nombreux, il ne peut en exiger le remboursement. Ces textes lui permettent seulement d'enlever ce qui peut être séparé de la chose sans lui nuire ou changer son état primitif. (Dig., loi 37, de rei vind. ; loi 7, § 12, de acq. rer. domin. ; Code, loi 5, de rei vindic.)

Mais Cujas, se fondant sur un texte de Paul relatif à l'*actio in rem de universitate*, où ce jurisconsulte émet l'opinion suivante : « Le possesseur de bonne foi déduira toujours ses dépenses, quoique la chose qui en a été l'objet n'existe plus, tandis que le possesseur de mauvaise foi n'obtiendra ce remboursement qu'à la condition que la chose améliorée existe encore. » Cujas, dis-je, applique par analogie cette opinion au possesseur de mauvaise foi

de la Revendication et lui accorde l'*exceptio doli mali* pour
se faire indemniser de ses dépenses utiles jusqu'à concurrence de la plus-value. La mauvaise foi du possesseur
n'est pas une raison suffisante pour que le propriétaire
s'enrichisse à ses dépens. « *Nemo cum alterius damno
fieri debet locupletior.* »

Les auteurs qui ont combattu ce système, tels que
Doneau, Pothier, etc, n'ont pas donné de raisons suffisantes pour faire abandonner celui de Cujas. Au principe
d'équité qui en est la base, ils ont répondu par cet adage :
« *Quod quis ex culpâ suâ damnum sentit, non intelligi-
tur damnum sentire* » Ils ont ajouté que celui qui dépense
sciemment pour la chose d'autrui est censé faire une donation au propriétaire, et partant, ne peut pas répéter, ni
retenir. Nous répondons, en adoptant le système de Cujas,
que l'adage en question ne pèsera pas d'un grand poids
sur l'opinion du juge, auquel la plus grande latitude est
laissée pour apprécier toutes les raisons d'équité, et que
celui qui fait sciemment des frais sur la chose d'autrui
qu'il possède, n'est pas censé en faire donation, parce
qu'il gère l'affaire pour lui et non pour un autre ; il peut
donc s'en faire tenir compte par le propriétaire quand
celui-ci vient reprendre la possession.

Nous n'entrerons pas dans les cas particuliers où l'exception de dol est accordée au possesseur. Citons seulement
les plus importants.

A. Titius a reçu, par donation, un fonds dont il croyait
le donateur propriétaire : il y a fait des dépenses utiles,
puis le maître revendique le fonds. Titius n'a d'action ni
contre le donateur, qui n'est tenu à aucune garantie, ni

contre le propriétaire, dont il n'a pas entendu gérer l'affaire. Papinien lui accorde l'exception de dol.

B. Titius possède un fonds acheté par lui à un tiers qu'il croyait propriétaire ; le maître véritable de ce fonds l'avait hypothéqué ; le créancier hypothécaire réclame à Titius la somme pour garantie de laquelle l'hypothèque avait été constituée ; Titius la lui paie. Plus tard, le propriétaire revendique son fonds contre le possesseur. Celui-ci lui opposera l'*exceptio doli mali*, pour obtenir le remboursement du montant de la dette, capital et intérêts, qu'il a payée au créancier, plus les intérêts du capital payé jusqu'au jour du remboursement.

Passons à deux autres exceptions dont il est question dans notre titre, l'*exceptio rei judicatæ* et l'*exceptio rei venditæ et traditæ.*

Une personne qui a succombé dans un premier procès, ne peut pas en intenter un second pour le même objet, sans être repoussée par l'exception *rei judicatæ* que lui opposera le possesseur. Mais l'avocat, le procureur, ignorant son droit de propriété sur la chose revendiquée et aidant de ses conseils le revendiquant, ne pourra pas plus tard être repoussé par cette exception, s'il vient à intenter le procès pour son propre compte. On ne doit pas, vu son ignorance, considérer l'acte de son ministère comme une renonciation tacite au droit de propriété.

L'exception *rei venditæ et traditæ*, souvent aussi désignée par les mots *exceptio doli*, se fonde, en général, sur ce que le demandeur ou son auteur a vendu et livré la chose au défendeur ou à son auteur, sans l'avoir rendu propriétaire.

L'exception *rei venditæ et traditæ* diffère de l'*exceptio doli*, en ce sens que l'une est *rei cohærens* tandis que la seconde est personnelle. Je m'explique : Le dol de l'auteur ne peut pas être reproché à l'acheteur ; si celui qui a acquis une chose par dol, la vendait à un tiers, ce tiers en serait et resterait propriétaire, et s'il la revendiquait de celui-là même de qui elle aurait été obtenue par des manœuvres frauduleuses, le défendeur ne pourrait pas lui opposer l'*exceptio doli*. — Si l'*exceptio rei venditæ* est quelquefois qualifiée d'*exceptio doli* ou *in factum*, cela provient de ce qu'en général il y a dol à faire une demande qui est inique, et à laquelle s'oppose une exception fondée sur l'équité. (Ulpien, L. 2, § 5. D. XLIV, 4.)

CHAPITRE V.

Quels sont les différents résultats dont est susceptible la Revendication ?

La Revendication a pour but de faire obtenir au demandeur la reconnaissance de son droit et la restitution de sa chose.

Il peut se faire que le défendeur soit absous.

1° Si, le demandeur ne donne pas des raisons suffisantes pour prouver son droit de propriété ;

2° Si le défendeur restitue volontairement sur l'ordre du juge et d'après son arbitrage.

Qu'arrivera-t-il dans le cas où le défendeur refusera de restituer ? Le juge devra-t-il nécessairement le condamner, ou pourra-t-il le forcer à restituer ?

Il est certain que dans le droit de Justinien le *jussus judicis* peut-être exécuté par la force, du moins en ce qui concerne la chose elle-même et les accessoires qui existent en nature. Mais on se demande si telle était déjà la doctrine du droit classique, ou si le propriétaire était alors obligé de se contenter d'une condamnation pécuniaire. Cette question est très vivement controversée entre les interprètes. Les uns prétendent que, si le défendeur refuse de restituer, le juge peut lui faire enlever la chose et faire remettre le demandeur en possession, de force, *manu militari*. Ils s'appuient sur la loi 68 de notre titre : « Lorsque celui qui a reçu l'ordre de restituer, n'obéit pas au juge prétendant qu'il ne peut pas restituer, s'il a la chose, le juge lui en fait ôter la possession par la force militaire, et la condamnation n'a lieu que pour les fruits et pour tous les accessoires. » (Ulpien)

Malgré le ton affirmatif de ce texte, les adversaires ont essayé de se défendre, en disant que Tribonien avait dû l'altérer. Comment, a-t-on dit, s'il y avait eu un moyen direct de contrainte, aurait-on songé à établir ce droit si exorbitant du demandeur à fixer lui-même le montant de la condamnation ? La résistance du défendeur est réprimée avec une extrême sévérité, qui devient inutile si l'on a la force à sa disposition.

Les premiers répliquent : Le texte d'Ulpien n'est pas altéré, car on retrouve dans un autre passage du même jurisconsulte la même expression : *Manus militaris*. (L. 3. pr. D. Ne vis fiat ei...) — Ils ajoutent avec M. Pellat : « Si, en cas de refus de restituer de la part du défendeur qui a la chose en son pouvoir, Ulpien n'avait parlé que de condamnation à la somme fixée par le serment du demandeur, et que ce fût Tribonien qui eût introduit la translation de la possession *manu militari*, il n'aurait certainement pas dit qu'alors il n'y a plus condamnation que pour les fruits et accessoires, et qu'il y a par conséquent absolution quant à la chose principale. Mais, confondant le *jussus judicis* avec la condamnation qui suit le refus d'y obtempérer, il aurait dit que le juge condamne le défendeur, tout à la fois, à la chose et aux fruits. » Pour ces deux motifs nous nous rangeons avec ceux qui nient l'interpolation et croient à l'existence de la *manus militaris*. Dès l'époque classique le demandeur avait la faculté d'opter entre ces deux voies : Ou faire prononcer une condamnation dont le montant était fixé par son serment, ou recourir à la *manus militaris*. Voici du reste une dernière raison assez concluante :

Du temps de Paul et d'Ulpien, si le défendeur persistait dans son refus de rendre la chose qu'il possédait, le revendiquant pouvait fixer lui-même, par serment, la somme à laquelle s'élèverait la condamnation. En pareil cas, la propriété de la chose passait au défendeur ; son adversaire était censé la lui vendre. Au contraire, s'il y a dol du possesseur, s'il s'est défait frauduleusement de l'objet revendiqué, afin de se mettre dans l'impossibilité de le restituer, il ne peut pas forcer le défendeur à lui céder ses actions. Si dans le premier cas, on refuse l'option au demandeur, si on n'admet pas qu'il pouvait, dans cette hypothèse, recourir à la force armée pour recouvrer sa chose, comment comprendre qu'en fixant lui-même le montant de la condamnation, il soit réputé avoir consenti à abandonner cette chose pour ce prix ? Le recours possible à la *manus militaris* peut seul justifier cette interprétation de volonté. Cette présomption d'intention chez le demandeur n'est pas admissible, au contraire, quand il demande une condamnation pécuniaire dans l'impossibilité bien constatée de recouvrer la chose elle-même.

Tout en admettant que le texte est bien d'Ulpien, M. Demangeat prétend que ce texte ne dit pas ce qu'on lui fait dire. La règle de la loi 68 doit être restreinte au

cas prévu spécialement. Il s'agit d'un défendeur, qui à
l'ordre de restituer que lui adresse le juge, répond par un
mensonge ; il prétend qu'il ne-possède pas, tandis qu'il
possède. Si le juge reconnait le mensonge, alors seulement, il pourra ordonner la restitution *manu militari*, car
en alléguant qu'il ne possède pas, le défendeur déclare
par là même, qu'il restituerait s'il le pouvait. Nous ne
croyons pas que les jurisconsultes aient ainsi distingué
entre le cas où le défendeur refuse formellement de restituer, et celui où il use de fraude pour ne pas restituer, et
d'ailleurs, le mensonge du défendeur accuse de sa part
une volonté formelle de se soustraire au *jussus judicis* et
non, comme le prétend M. Demangeat assez spécieuse-
ment, l'intention de s'y soumettre si on lui prouve qu'il le
peut. — Un texte heureusement vient donner à cette opinion un fondement plus juridique. Il est d'Ulpien. (loi 3,
p. 2. D, de reb. eor.)

« On peut poser la question suivante : Si un fonds du
pupille est revendiqué par le tuteur et qu'il ne soit pas
restitué, la *litis æstimatio* offerte par le défendeur em-
porte-t-elle aliénation ? Il vaut mieux dire qu'elle emporte
aliénation : en effet, ce n'est point là une aliénation qui
ait lieu par la volonté des tuteurs. » M. Demangeat raisonne ainsi sur ce texte : Comment ? Cette aliénation est
valable, parce qu'elle a lieu sans la volonté du tuteur ! Mais
alors la volonté du tuteur se serait brisée contre un obstacle, si elle n'avait pas voulu se plier à la *Litis æstimatio* !
Il n'avait donc pas le choix entre l'estimation à faire sous
la foi du serment et la *manus militaris* à réquisitionner ?
Assurément non. Alors comment concevoir que la faculté

de mettre en mouvement la force publique appartienne, en général, à tout revendiqnant, et qu'elle disparaisse quand il s'agit de conserver a son pupille son immeuble? Donc, la *manus militaris* ne peut avoir d'autre application que dans le cas spécial de la loi 68. » — Cette explication est très ingénieuse et nous rallierait au système de M. Demangeat si la solution précédemment donnée n'avait déjà conquis nos suffrages par moins de subtilité et plus de textes à l'appui.

M. Pellat fait une observation omise jusqu'à lui par tous les auteurs : « C'est que cette exécution forcée du *jussus judicis* n'est admissible que lorsqu'il s'agit de lever un obstacle de fait, comme le refus de laisser entrer en possession, ou d'exhiber une chose. » Mais s'il s'agissait d'un acte juridique qui exigeât le concours de la volonté du défendeur, l'exécution forcée serait impossible ; par exemple, si le défendeur avait pendant l'instance acquis la propriété de la chose par usucapion, et que le juge lui ordonnât de la retransférer au demandeur, la volonté du défendeur récalcitrant ne serait point suppléée par la force. Le demandeur n'aurait ici d'autre ressource que le *jusjurandum in litem*.

Et, à ce propos, toujours dans le cas où le défendeur refuse d'obéir, il devra n'accuser que lui-même s'il est lésé par le *juramentum in litem*. Le demandeur en effet pourra malgré son serment, par une illusion bien naturelle sur les qualités de sa chose, en demander une valeur exagérée. Il ne relève que de sa conscience. Il est entièrement libre. Il apprécie, *sine ullâ taxatione in infinitum*. De plus, le défendeur ne pourra pas exiger de son adversaire la cession des actions que celui-ci peut avoir relativement à la chose litigieuse, par exemple, si elle a été dégradée par le fait d'un tiers, l'*actio legis Aquiliæ*?

Outre le refus d'obtempérer à l'ordre du juge, le défaut de restitution peut encore tenir à trois causes :

1° Le défendeur a perdu la possession par son dol. Il est alors traité avec la même rigueur que dans le cas précédent ;

2° Le défendeur a perdu la possesion par sa faute, depuis la *Litis contestatio*. Dans cet espèce, c'est le juge lui-même qui estime la condamnation (L. 68, de rei vind) et le défendeur peut, s'il n'a pas encore usucapé la chose, se faire céder les actions du demandeur.

3° Lorsque le possesseur a cessé de posséder avant la *litis contestatis* sans qu'on puisse lui reprocher ni dol, ni faute, le juge doit prononcer l'absolution, mais si c'est après la *Litis contestatio* la condamnation, toujours possible à raison des accessoires de la chose doit-elle comprendre aussi la valeur de la chose elle-même? L'opinion qui a prévalu distingue entre le possesseur qui croit à la légitimité de l'attaque et celui qui se sent fort de son droit. Le premier est censé en demeure et les risques sont à sa charge. Il encourt condamnation à la valeur et aux accessoires sur l'estimation du juge. Le second au contraire sera absous, ou seulement condamné à la valeur des accessoires, s'il y en a. Toutefois, le possesseur ne sera libéré relativement à la chose, qu'après avoir pris l'engagement de la restituer, s'il la recouvre, ou de céder ses actions au demandeur, s'il l'a usucapée. C'est la caution *de persequendo servo restituendove pretio*, dont parlent les *Instututes*. En effet, si le possesseur ne fait pas toutes les dili-

gences nécessaires pour recouvrer la chose, il sera tenu
d'en payer le prix.

CHAPITRE VI.

Quelles choses doit comprendre la restitution ou la condamnation pour défaut de restitution?

Il est des cas nombreux où la restitution de la chose,
est insuffisante pour indemniser le demandeur. L'objet
restitué a pu en effet être détérioré par le défendeur ; il est
juste que le revendiquant ne souffre pas de cette moins-
value survenue dans d'autres mains que les siennes. Donc
le juge n'absoudra le défendeur que s'il s'engage à indemniser le demandeur de la détérioration. La condamnation,
dans le cas de refus, aurait lieu seulement pour la somme
représentant le dommage éprouvé par le demandeur. Voici
à ce sujet le texte d'Ulpien : « Non seulement le juge doit
ordonner la restitution, mais il doit encore, si la chose
est détériorée, en tenir compte. » Et il cite l'exemple d'un
esclave blessé ou estropié au moment de la restitution. Il
est vrai que le propriétaire a aussi pour se faire indemniser de la détérioration éprouvée par l'esclave, l'action de

la loi Aquilia. Comme il ne doit pas être indemnisé deux fois, le juge de la Revendication ne tiendra compte du dommage, qu'autant que le demandeur renoncera à cette action par une simple promesse faite au défendeur. Il ne peut pas cumuler les deux actions.

Mais si le demandeur préfère exercer l'action de la loi Aquilia, parce que le montant de l'indemnité qu'il obtiendra par cette action se calcule eu égard à la plus haute valeur que l'esclave avait dans les trente jours qui ont précédé sa blessure, le juge de la Revendication absoudra le défendeur sur le chef de la détérioration.

Le calcul rétroactif prescrit par la loi Aquilia fait connaître la différence qui existe entre la valeur effective et la valeur supposée de l'objet détérioré. Un excédant résulte en certains cas de ce calcul; le demandeur peut le cumuler avec l'indemnité proprement dite, car il constitue une sorte d'amende ou de peine.

Si en frappant l'esclave, le défendeur a eu l'intention d'insulter son maître, l'*actio injuriarum* compète au maître. La peine qui forme l'objet de cette action ne pouvant pas être obtenue par la *rei vindicatio*, l'exercice de cette dernière action n'empêche jamais l'*actio injuriarum* de subsister pour le tout.

Supposons avec Paul, (L. 27, p. 2. lib. XXI) que l'esclave revendiqué a été détérioré par le dol du possesseur, et qu'ensuite, sans la faute de celui-ci, il soit mort par une autre cause. Le demandeur n'a plus d'intérêt ; de plus, le défendeur ne peut être accusé ni de faute, ni de dol, et sera absous. Pour obtenir condamnation, il faudrait que le demandeur eût intérêt non seulement au moment de la

Litiscontestation, mais encore au moment du jugement. Le juge ne doit donc pas faire l'estimation de la détérioration arrivée par le fait du défendeur. Quant à l'action de la loi Aquilia, à la différence de l'action réelle, la circonstance de la mort de l'esclave, ne l'empêche pas de subsister. Qu'importe, en effet, que le demandeur ait perdu tout intérêt, puisque cette action a surtout pour but la punition du délinquant ?

Il résulte de ce qui précède, que le juge doit tenir compte, dans la condamnation, de la détérioration qu'a subie la chose revendiquée par le fait du défendeur. Ce dernier, du reste, doit toujours promettre la réparation de son dol et de sa faute (cavere de dolo et culpâ), car on peut craindre que la chose n'ait subi, entre ses mains, des altérations qui ne se révèleront qu'après qu'il aura été absous, et s'il l'avait usucapée, quoiqu'il en ait remis la propriété au demandeur par une *mancipatio*, s'il s'agit d'une *res mancipi*, on peut craindre qu'il ne l'ait grevée de droits réels, ou soustraite au commerce.

La chose litigieuse que nous venons de voir détériorée ou perdue, a pu s'augmenter, soit matériellement parlant, soit avoir produit des fruits ou des intérêts. Il ne suffit pas de rendre la chose revendiquée, il faut encore rendre tout ce qui dépend de cette chose, *fructus et causa*.

Il serait difficile de définir le mot *fruits*, autrement que par une énumération à peu près complète des accessoires que le défendeur est obligé de restituer. Généralement, lorsqu'on parle de fruits, on n'entend pas par là l'avantage qu'on retire d'une chose dont on n'a que l'usage et non l'usufruit. Ici, au contraire, ces fruits improprement dits sont compris dans la restitution. (loi 64, Papinien, lib. XX, Quæstionum.)

Il est juste d'indemniser le demandeur qui a été privé, par le fait du défendeur de l'usage de sa chose; Exemple : Des vêtements, des vases, etc.

On compte aussi comme fruit, la faculté qu'aurait eue le demandeur d'emprunter de l'argent sur la chose qu'il avait mise en gage, s'il l'eût reçue dès qu'il l'aurait réclamée. (loi 72, de regimine juris.)

Le possesseur doit restituer, non-seulement les fruits proprement dits de l'esclave, c'est-à-dire le salaire qu'il a retiré de son travail, mais encore tous les produits qui, d'ordinaire, ne sont pas considérés comme fruits, tels que le part, et les fruits que cet esclave a pu produire par son travail. (L. 17. § 1). Cette règle va jusqu'à comprendre dans les dépendances de la chose à restituer, les actions que le possesseur peut avoir acquises par un esclave. Gaius comprend aussi dans les choses qui doivent être restituées avec l'esclave les hérédités et les legs qui sont advenus au défendeur par cet esclave. En un mot, il faut que le demandeur ait tout ce qu'il aurait eu, si l'esclave lui eût été restitué au moment où l'instance s'engageait. Il y a exception à cette règle, et c'est de toute justice, pour le cas où le testateur aurait laissé l'hérédité ou le legs à l'esclave en vue du possesseur.

Malgré le sens large accordé par les textes au mot *fruits*, il est cependant certains produits de la chose qui n'y rentrent pas.

Un possesseur a appris un art quelconque à un esclave impubère, qui est ensuite revendiqué contre lui. Le possesseur a dû faire des dépenses, il ne tiendra donc pas compte au demandeur des services que l'esclave lui aura rendus avec cet art. (Paul, loi 31, lib. XXI, ad Editum.)

Les produits de la chasse, à moins que le droit de chasse ne constitue le revenu du fonds, ne sont pas compris parmi les fruits restituables.

Si le demandeur avait joui de sa chose, il aurait perçu les fruits. Le défendeur doit donc les restituer avec la chose. Ne faut-il pas distinguer, au point de vue de la restitution, le possesseur de mauvaise foi du possesseur de bonne foi? L'un ne sera-t-il pas traité plus rigoureusement que l'autre? Nous abordons la question la plus délicate de notre sujet.

Le possesseur de mauvaise foi est responsable de son *dolus prœteritus*, c'est du jour même où sa possession a commencé qu'on le répute tenu d'une obligation personnelle. Il doit restituer au propriétaire non seulement les fruits perçus depuis la Litiscontestation, mais encore ceux perçus avant. Cette obligation du possesseur de mauvaise foi, comprenant en général les fautes et non pas seulement le dol, le forçait à payer la valeur des fruits qu'il avait négligé de percevoir. Ce principe fut d'abord appliqué à la *petitio hereditatis* par le *Senatus-consulte Juventien*, et la jurisprudence l'étendit aux autres actions réelles. Il est confirmé par la loi 62, dans laquelle Papinien suppose qu'un navire est revendiqué contre un possesseur de mauvaise foi. « Il faut, dit-il, estimer les fruits comme pour une boutique ou un emplacement qu'on a coutume de louer. » Or le possesseur a négligé d'en retirer un fret ou nolis, soit en le frétant, soit en se chargeant de transporter les marchandises; il doit compte au propriétaire du fret qui aurait pu ainsi être perçu. Papinien, prévoyant une objection, continue ainsi : « Cela n'est pas contraire à cette décision que l'héritier n'est point forcé de payer les intérêts d'une somme restée en dépôt, à laquelle il n'a pas touché. » Puis il la réfute en disant que malgré l'analogie qui existe entre le fret et l'intérêt, en ce sens que l'une n'est pas plus que l'autre un fruit naturel, mais que tous deux sont perçus en vertu d'une opération de droit, d'un contrat; il existe cependant entre ces deux manières de se procurer un revenu une différence sensible. Le possesseur du navire pouvait le fréter sans courir les risques de la perte, pourvu qu'il le fit dans un temps convenable à la navigation (L. 16, § 1, et L. 36, § 1) et qu'il le confiât à des hommes capables de le conduire : On peut donc lui imputer à faute de ne l'avoir pas fait. Mais le faux héritier, le possesseur des choses héréditaires, eût supporté les risques de l'argent qu'il aurait prêté; on ne peut donc pas lui imputer de ne l'avoir point placé à intérêt.

Faut-il pour estimer les fruits non perçus s'attacher à ce que le défendeur aurait pu faire, ou bien à ce qu'aurait fait le demandeur lui-même. Papinien répond à cette question dans la loi 62 : « En général, lorsqu'il s'agit d'estimer les fruits, il est constant qu'il faut considérer non pas si le possesseur de mauvaise foi a joui, mais si le demandeur aurait pu jouir, dans le cas où il lui eût été permis de posséder. » Ce sentiment est aussi approuvé par Julien. Mais les textes ne sont pas d'accord. Les interprètes ont beaucoup discuté.

D'après M. Accarias la question est mal posée, et l'on

doit se ranger à l'avis de ceux qui, ramenant tout à une question de faute, croient qu'il faut examiner simplement quelle aurait été la conduite d'un bon père de famille.

C'est bien le point de vue de Justinien puisqu'il parle de la *culpa possessoris*. Tout revient à la question de savoir s'il y a eu faute de la part du possesseur. On comparera la conduite qu'a tenue le possesseur de mauvaise foi et celle qu'on aurait pu attendre, en cas pareil, d'un bon père de famille. C'est aussi l'opinion de M. de Savigny. — Elle est confirmée par Paul en ces termes : « *Hi fructus in restitutione prœstandi sunt petitori, quos unusquisque diligens pater familias et honestus colligere potuisset.* » *Paul, Sent. 1, 13, B. § 9.*

Dans les cas, rares il est vrai, où le demandeur seul aurait pu percevoir certains fruits si le défendeur n'avait détenu l'objet, nous croyons qu'il serait juste d'obliger le possesseur de mauvaise foi à payer une indemnité. En effet, il est en demeure de restituer et je ne vois pas pourquoi le demandeur ne jouirait pas de tous les avantages qu'il aurait recueillis si la justice avait été plus prompte. C'est l'opinion de M. Pellat.

Examinons quelle est la position du possesseur de bonne foi à l'égard des fruits ?

Avant la Litiscontestation, il n'est soumis à aucune obligation vis à vis du demandeur. Il fait siens tous les fruits qu'il perçoit et ne sera pas tenu de les restituer, alors même que le juge déclarerait fondée la prétention du demandeur. Quant aux fruits qu'il a négligé de percevoir, on ne peut lui en demander compte. Il se croyait propriétaire et a agi comme bon lui semblait.

Il faut expliquer en ce sens le texte de Labéon qui commence la loi 78 : « Si vous n'avez pas recueilli les fruits d'un fonds appartenant à autrui, que vous possédiez, vous n'êtes obligé à rien donner à titre de fruits de ce fonds. »

Ce texte qui n'a pas soulevé de nombreuses controverses, est un des plus difficiles des Pandectes. Après avoir successivement repoussé les explications de Cujas, de Heimbach, de M. de Savigny, de M. de Vaugerow, M. Pellat propose, dubitativement, celle-ci :

Labéon avait écrit (V. L. 78.) que le possesseur du fonds d'autrui n'est pas tenu de rendre les fruits qu'il n'a pas recueillis ; et Paul, dans les lignes qui suivent, critiquerait sur deux points ce texte de Labéon.

1° En disant que le possesseur ne doit rien pour les fruits qu'il n'a pas récoltés, Labéon donnerait à entendre, *a contrario*, que le possesseur doit restituer tous les fruits qu'il a récoltés, ce qui est faux pour le possesseur de bonne foi.

2° Labéon parle de récolte (*coactio.*) Cette expression est inexacte ; car ce n'est pas la récolte achevée (*perfecta collectio,*) mais la perception (*perceptio*), c'est-à-dire la séparation des fruits du sol, qui est le moment important à considérer, celui où s'opère l'acquisition quand cette perception a été faite de bonne foi.

Quoiqu'il en soit, il est avéré que le possesseur de bonne foi n'est pas tenu de rendre les fruits perçus, qu'il a fait siens, avant la Litiscontestation.

Mais, à partir de la Litiscontestation, sa situation change. Le demandeur qui triomphe doit, dans tous les cas, avoir même situation et mêmes avantages que s'il eut obtenu satisfaction au moment même de la Litiscontestation. Voilà le principe auquel le possesseur de bonne foi est soumis comme le possesseur de mauvaise foi. Une fois l'instance engagée le défendeur, quel qu'il soit, est tenu d'une véritable action personnelle qui lui impose de se comporter en bon père de famille. Dès le début, le minimum des restitutions que le demandeur a le droit d'attendre est fixé. Le possesseur de bonne foi doit prévoir la possibilité de la perte de son procès et se montrer soigneux d'une chose dont un autre peut être reconnu propriétaire. Il est tenu, en conséquence, de restituer non seulement les fruit sperçus depuis ce moment, mais encore ceux qu'il a négligé de percevoir.

Jusqu'à quelle époque le défendeur doit-il compte des fruits? Paul répond à cette question dans la loi 33.

Au moment du jugement la chose existe encore; il doit compte alors des fruits perçus jusqu'au jugement et de ceux qui ont pu être perçus honnêtement.

La chose a péri après la Litiscontestation; il faut distinguer :

1° Si la chose a péri par le dol ou la faute du possesseur, *ou après qu'il est considéré comme en demeure*, le défendeur, étant responsable de cette perte et astreint à payer la valeur de la chose comme si elle existait, devra compte de tous les fruits qu'elle aurait pu produire jusqu'au jour du jugement. (L. 17, § 1).

2° Si la chose a péri sans qu'il y ait rien à imputer au possesseur, comme il n'est pas tenu de payer la valeur de la chose, il n'est pas tenu non plus de payer l'estimation des fruits qu'elle eût pu produire si elle eût continué d'exister; il restitue seulement les fruits qu'il en a perçus ou dû percevoir pendant son existence.

Nous allons parler de la demeure considérée comme cause des obligations du défendeur :

Nous avons déjà cité le dol comme une des causes des condamnations qui peuvent frapper le défendeur en parlant du *fictus possessor qui dolo liti se obtulit* ou *qui dolo desiit possidere*. La demeure est la deuxième source des condamnations dont il est passible.

Nous résumons dans les lignes qui vont suivre, tout ce que dit M. Molitor à propos de la demeure du défendeur.

Il commence par exposer la doctrine de Mühlenbruch, que voici : La demeure a des effets différents suivant que le possesseur est de bonne ou de mauvaise foi. S'il est de mauvaise foi, la demeure commence avec la possession, s'il est de bonne foi, avec la Litiscontestation. Le possesseur de mauvaise foi est responsable de la perte fortuite qui ne serait pas arrivée chez le propriétaire au cas où la chose lui eût été restituée, mais le possesseur de bonne foi n'est tenu que de la faute. Pour ce qui est des fruits : Le possesseur de bonne foi n'est tenu que de ceux qui sont extants et de ceux qu'il aurait pu percevoir depuis la Litiscontestation ; le possesseur de mauvaise foi, non-seulement de ceux qu'il a perçus, mais de ceux que le propriétaire aurait pu percevoir.

M. Molitor trouve cette doctrine erronée en deux points :

1° En ce que toute possession de mauvaise foi impliquerait demeure, et que tout possesseur de mauvaise foi aurait à supporter les effets de la demeure.

2° En ce que la Litiscontestation constituerait en demeure le possesseur de bonne foi.

Il réfute ainsi Mühlenbruch :

La demeure, *mora ex re*, ne se présume pas. Les textes qui attachent à la possession de mauvaise foi le nom ou les effets de la demeure ne se rapportent qu'à la possession illégale du voleur ou du spoliateur ou à la possession de mauvaise foi de celui qui a contesté le litige au demandeur. — Pour qu'il y ait demeure dans la simple possession de mauvaise foi, il faut :

1° Qu'il y ait une obligation ;

2° Que le créancier ou le propriétaire ait réclamé la chose due en temps et lieu opportuns ;

3° Que le défendeur ait après sommation retenu la chose *invito domino aut creditore.* » — Le vol rendant la sommation impossible à cause de la clandestinité, le voleur est perpétuellement en demeure. Dans la violence, la chose étant retenue malgré le propriétaire, il y a sommation implicite. De plus, il y a dans ces deux cas une obligation *ex delicto*. Tous les caractères de la demeure y sont donc réunis.

Il n'en est pas de même de toute possession de mauvaise foi, car souvent aucune des trois conditions ci-dessus exigées ne s'y rencontrent.

L'obligation ne commence pour celui qui possède la chose *nec vi nec clàm* que dès l'instant où le propriétaire se présente et la réclame. Dès ce moment, le possesseur de mauvaise foi, s'il conteste est constitué en demeure.

Ainsi, d'un côté la violence et la clandestinité, d'un autre côté la Litiscontestation, constituent seulement le possesseur de mauvaise foi en demeure. Il n'y est pas par cela seul qu'il est de mauvaise foi. — A partir de la Litisconstestation c'est-à-dire de la demeure, le possesseur doit restituer la chose et *la causa*, quelque soit l'événement survenu avant le jugement. Il est tenu de la perte fortuite de la chose et de tous les fruits qui ont été perçus ou auraient pu l'être.

Il y a controverse sur le point de savoir si le possesseur de mauvaise foi qui après la Litiscontestation est tenu de la perte fortuite en répond aussi au cas où la chose eût péri chez le propriétaire, si elle lui avait été restituée. On répond affirmativement, d'après les textes, pour le possesseur dont la possession est au principe entachée de vol ou de violence ; et négativement dans les autres cas, excepté dans celui où le créancier établit que s'il avait eu la chose il l'aurait vendue. C'est ici le principe d'indemnité intégrale qui domine ; on se rapporte au moment de la Litiscontestation.

Donc, en concluant, faisons remarquer que, si la chose a péri, avant la Litiscontestation, par son dol, le possesseur de mauvaise foi ne la doit pas, pourvu qu'il n'ait pas, par son dol, cessé de la posséder. Il ne la doit pas, lui prouvât-on qu'il était possesseur de mauvaise foi. Mais il doit restituer les fruits existants, et même ceux qu'il a consommés de mauvaise foi ; car, s'il n'avait aucune obligation de rendre la chose et les fruits avant qu'ils fussent demandés, il n'avait cependant aucun droit de les faire siens par la consommation ; c'est pourquoi nos textes disent que les fruits existants en nature peuvent être revendiqués du possesseur de mauvaise foi, en même temps que ceux qui ont été consommés peuvent être répétés par la *condictio sine causâ*. (L. 3, c. IV, 9 ; L. 4, c. IX, 22.) Toutefois, avant la Litiscontestation qui le met en demeure, le possesseur de mauvaise foi n'est tenu que des fruits qu'il a perçus, non de ceux que le propriétaire aurait pu percevoir.

La Litiscontestation a-t-elle pour effet de constituer en demeure le possesseur de bonne foi? Nous ne le croyons pas. Le possesseur, il est vrai, doit dès lors entrevoir la possibilité d une éviction, mais la crainte de perdre le procès ne peut pas lui faire abandonner la chose, car il le soutient de bonne foi, confiant en son droit. Aussi, un Senatus-consulte rendu sous Adrien, déclare que le possesseur de bonne foi n'est pas tenu de la perte fortuite.

Le demandeur n'obtient pas de lui tout l'avantage qu'il aurait eu, si la chose ne lui avait pas été contestée.

D'ailleurs, des textes nombreux, isolés ou comparés, il ressort, que le possesseur de bonne foi, après la Litiscontestation, n'est tenu que du dol et de la faute, des fruits que lui-même aurait pu percevoir. et non de ceux qu'aurait pu percevoir le demandeur. (L. 45, 63, 21 et 36, § 1, D. VI, I.) — (Comparaison des L. 2, c. VII, 51 ; L. 62, § 1, D. VI, I, L. 40, D. V, 3.)

Si la Litiscontestation ne met pas le possesseur de bonne foi en demeure, il faut avouer qu'il peut être placé dans cette position par quelque fait antérieur au jugement qui aura pour résultat de lui faire reconnaître l'inanité de ses prétentions. Mais nous ne croyons pas qu'il faille adopter un système absolu et nous ranger, soit avec ceux qui considèrent la demeure comme résultant du simple exposé de la demande, soit avec ceux qui la font dériver de la *pronunciatio*, comme Stéphane l'indique.

Quoi qu'il en soit, si le possesseur a été en demeure de restituer un esclave, et que l'esclave soit mort, il faudra

tenir compte des fruits jusqu'au temps du jugement. (loi 17,
p. 1. Ulpien, lib XVI ad Edictum.)

Que si, au contraire, dit Labéon, l'esclave est mort sans
que le possesseur ait été en demeure de le restituer, il
faudra estimer les fruits seulement jusqu'au moment où il
a cessé de vivre (loi 79.)

Paul apporte une restriction équitable : « Ce que dit
Labéon n'est vrai qu'autant que cet esclave n'est pas tombé
auparavant dans une maladie qui ait rendu ses services
inutiles ; car, alors même qu'il aurait vécu dans cet état de
maladie, il ne conviendrait pas de faire une estimation de
fruits pour ce temps là. » En effet, on ne saurait imputer
au possesseur de n'avoir point exigé des services que la
maladie rendait impossibles.

Terminons par deux observations qui montreront combien il est difficile d'enfermer dans des formules précises,
les résultats si complexes de la Revendication.

1° « Le possesseur de bonne foi lui-même peut avoir à
faire des restitutions qui se rapportent à une époque antérieure à la Litiscontestation. Elles comprennent notamment
les simples produits qu'il n'a pas usucapés, et lorsqu'il
s'agit d'un esclave les acquisitions que celui-ci a pu faire
en dehors de ses *operæ* et de la *res possessoris*. »

2° « Entre le possesseur qui a toujours été de mauvaise
foi et celui qui est resté de bonne foi jusqu'à la Litiscontestation, il y en a un dont les textes ne s'occupent guère :
c'est celui qui a d'abord possédé de bonne foi et qui a
perdu cette bonne foi antérieurement à la Litiscontestation.
Du jour même où il sait n'être point propriétaire, il cesse
de faire les fruits siens et ne bénéficie plus des acquisitions

qui proviennent *ex operis servi.* » (Accarias. De la *reivin-dicatio.*)

Les règles que nous venons d'exposer se retrouvent dans le droit de Justinien, sauf deux modifications :

1° Désormais le possesseur restitue toujours les fruits, même perçus de bonne foi, qu'il n'a pas encore consommés ;

2° La restitution des fruits tant antérieurs que postérieurs à la Litiscontestation ne se fait jamais qu'au simple. Dans le droit classique, ils devaient être restitués au double. (Paul, I, 13b, § 8; V, 9, § 2). D'après un texte de Festus, on peut conjecturer que cette sévérité remontait à la loi des Douze tables. Elle prit fin sous Justinien, qui les supprima en reproduisant la constitution des empereurs Valentinien et Valens.

Il ne nous reste plus qu'à nous demander où la chose revendiquée doit être restituée, et si elle doit l'être sur le champ.

CHAPITRE VII.

Où la chose revendiquée doit-elle être restituée?

————

Distinguons entre les meubles et les immeubles : La restitution des immeubles doit évidemment se faire dans le lieu de leur situation.

Quant aux meubles, il faut examiner si le défendeur est de bonne ou de mauvaise foi.

S'ils ne se trouvent pas dans le lieu où l'on plaide, le possesseur de bonne foi n'est tenu d'en faire la restitution qu'au lieu où ils se trouvent. Le demandeur ne peut exiger que cette restitution se fasse dans le lieu où il a intenté le procès, qu'en offrant de payer tous les frais de transport par terre ou par mer, sauf les frais de nourriture, en supposant qu'il s'agisse d'une chose animée. C'est toujours au possesseur à nourrir l'esclave ou l'animal jusqu'au moment de la restitution.

Si le défendeur promet, en donnant un fidéjusseur, de faire cette restitution dans un certain délai, il est absous par le juge. (L. 10 et 11 à notre titre).

La loi 12 prévoit le cas où le possesseur est de mauvaise foi.

Dans ce cas, on décide encore comme on a fait pour le

possesseur de bonne foi ; si la chose est dans l'endroit même où il l'a trouvée, c'est à cet endroit qu'il la restitue ; mais s'il l'a fait porter du lieu où le procès est engagé dans un autre lieu, il devra la faire rapporter à ses frais.

La loi 27, § 4 prévoit le cas où la restitution ne peut pas avoir lieu sur le champ :

« Si le père ou le maître possède par son fils ou par son esclave, et que celui-ci soit absent, sans la faute du père ou du maître, au temps du jugement, il faut que le juge ou accorde un délai, ou fasse donner caution de restituer la possession. »

Le juge prendra l'un des deux partis suivants : ou il différera sa sentence en accordant à Titius, pour faire revenir son fils ou son esclave, un certain délai, passé lequel, si la chose n'est pas restituée, il le condamnera à l'estimation ; ou il prononcera sur le champ sa sentence, soit en absolvant Titius moyennant qu'il donne caution de restituer la possession de la chose dans un certain temps, soit en le condamnant à la valeur de la chose, s'il ne veut pas donner caution.

Telles sont les principales règles de la Revendication.

Nous avons essayé de diminuer le volume matériel de ce travail, en évitant de citer tout au long des textes dont une seule phrase, un seul mot quelquefois prêtaient à la controverse, nous contentant de renvoyer par des indications aux sources premières, et nous avons tâché de condenser autant que possible, sans omettre aucune partie importante, un sujet qui par ses nombreuses ramifications est assurément l'un des plus vastes du droit romain.

DROIT FRANÇAIS

DROIT FRANÇAIS

DU DROIT DE RÉTENTION

INTRODUCTION.

M. Valette définit ainsi le droit de rétention : Le droit qu'a le détenteur d'une chose d'en conserver la possession jusqu'à l'acquittement de ce qui lui est dû, *à raison de cette chose même*.

Nous acceptons cette définition, dont la dernière partie fait prévoir l'opinion que nous adopterons quand il s'agira de déterminer quelles sont les conditions requises pour qu'il puisse y avoir lieu à rétention.

Le droit de rétention a donc pour but de garantir à un créancier le paiement de ce que lui doit le propriétaire de l'objet retenu ;

5

Car, il faut bien le remarquer, celui qui exerce le droit n'a pas l'*animus domini*, qui est l'essence de la possession. Le débiteur reste propriétaire, et c'est sur lui que se reporteront les avantages de la possession. Le détenteur ne prétend à aucune possession personnelle. Il y a là, ce me semble, une espèce de Constitut possessoire involontaire.

On comprend facilement le but et l'utilité de ce droit de rétention. C'est une sûreté de plus donnée à un créancier insuffisamment protégé. D'après le principe fondamental de l'art. 2092 : « Quiconque est obligé personnellement est tenu de remplir son engagement sur tous ses biens mobiliers et immobiliers, présents et à venir. », Le créancier a un droit de gage sur les biens du débiteur. Confiant dans ce droit, est-il fondé à l'être ? Non ; car le danger existe toujours pour lui. Qu'est-ce qui empêche le débiteur de diminuer les sûretés du créancier ? N'est-il pas libre de contracter de nouvelles obligations ? N'a-t-il pas même la faculté de disposer par donation des biens qui composent son patrimoine ? Enfin, pour ajouter encore à tous ces inconvénients, le débiteur ne sera-t-il pas assailli par plusieurs créanciers à la fois, auxquels il partagera son bien en parts égales, diminuant ainsi les droits de chacun ?

Le droit de rétention est un des moyens offerts par la Loi au créancier pour éviter de tels dangers.

Accordé quelquefois expressément, il est formellement refusé dans d'autres cas et nos législateurs ne l'ont jamais défini. On se demande pourquoi un droit, d'une importance aussi incontestable, a presque été passé sous silence par notre Code. La difficulté de lui assigner une place convenable n'est pas pour nous une raison décisive.

Nous croyons que les rédacteurs du Code civil ont imité trop scrupuleusement l'ancien droit sur ce point, et que le droit de rétention, droit intermédiaire entre le nantissement et le privilège, avait sa place marquée entre les titres XVII et XVIII.

Historique du Droit de Rétention

Le meilleur moyen de comprendre et d'approfondir un sujet est d'en connaître d'abord les sources et les origines. Aussi, malgré le cadre nécessairement restreint qui nous est imposé, il nous est impossible d'aborder le droit de rétention sans essayer de présenter son historique. Nous le ferons en peu de mots, car notre travail a pour but de développer cette matière seulement au point de vue du droit français actuel. Les principes du droit romain et de notre ancien droit jetteront un certain jour sur nos explications futures et nous serviront à résoudre de nombreuses difficultés.

Le formalisme rigoureux du droit civil romain, à la première époque, au temps des actions de la Loi, rendait impossible l'admission d'un droit qui a pour fondement naturel l'équité. Le droit de rétention pouvant être défini : « La faculté de refuser la restitution de la chose d'autrui, jusqu'au moment où le propriétaire qui la réclame n'a pas acquitté ce qu'il doit lui-même au détenteur » est donc une conséquence de ce principe : « Lorsqu'il existe entre deux personnes des obligations corrélatives, l'une d'elles ne peut être tenue de remplir son obligation, si l'autre refuse d'exécuter la sienne. » Le droit de rétention est donc de simple justice, et il n'est pas étonnant de le trouver absent de cette législation primitive où régnait le *Dominium ex jure quiritium*. Un citoyen propriétaire ne pouvait être dépouillé malgré lui par ses créanciers. (1)

Arrive le préteur. Avec lui surgit l'exception de dol, et c'est ici, croyons-nous que se trouve la véritable origine du droit de rétention. Une revendication est intentée contre le possesseur qui a fait sur le fonds certaines dépenses nécessaires. Comment le défendeur se fera-t-il tenir compte de ses dépenses? Le droit civil ne lui offre aucun moyen. Il n'a qu'à restituer s'il veut éviter la condamnation. Le préteur intervient et au moyen de quelques mots introduits dans la formule, il fait dans le droit romain une révolution de justice et d'équité : « *Si nihil in eâ re dolo malo actoris factum sit neque fiat.* » — On discute, il est vrai, sur le point de savoir quels étaient les effets de cette innovation. Le dol étant prouvé, le défendeur était-il absous? La condamnation était-elle seulement diminuée? Nous n'entrerons pas dans cette discussion. Il nous suffit de savoir quelle que soit la solution admise, que le défendeur avait maintenant une arme contre les prétentions du propriétaire. Le défendeur, à une action réelle ou personnelle, aura le droit de repousser la demande au moyen d'une *exceptio doli*, et de rester en possession de la chose du demandeur, quand celui-ci, devenu son débiteur à l'occasion de cette chose, refusera de le désintéresser. Si les dettes eussent

(1) On en trouve cependant la trace dans le *pignus*. Le créancier gagiste acquérait par la tradition le droit de retenir la chose jusqu'au paiement. (Glasson).

été des sommes d'argent ou des choses fongibles de même espèce, nous pourrions presque appeler *compensatio* un semblable résultat. Il ne faut cependant pas confondre la compensation et la rétention ; toutes deux revêtent, il est vrai, la forme de la *doli exceptio*, et puisent leur légitimité dans un même principe d'équité, mais la rétention s'exerce en n'importe quelle matière, tandis que la compensation a toujours lieu *ex eâdem causâ*. De plus, le rétenteur ne compte retenir l'objet, sur lequel il exerce son droit, que *provisoirement*.

A Rome, le droit de rétention était légal ou conventionnel, de plus réel, accessoire, indivisible et s'appliquant à toute espèce d'objets.

Trois conditions étaient nécessaires pour l'exercer.

Il fallait : 1° Avoir la possession de la chose réclamée;

2° Une créance contre le demandeur;

3° Il fallait qu'il y eût une certaine connexité entre la chose réclamée et la créance, ou une convention affectant la chose à la garantie de la créance.

Cette dernière condition, la connexité, est niée par quelques auteurs.

L'exercice du droit de rétention fait naître dans la personne du créancier rétenteur, des droits et des obligations.

La rétention ne confère pas le droit d'expropriation, mais donne indirectement un droit de préférence. En effet, le créancier rétenteur peut retenir la chose jusqu'à ce qu'il soit désintéressé, malgré la poursuite des autres créanciers. C'est là un avantage immense, ces créanciers, ne pouvant vendre la chose qu'en payant intégralement la créance du rétenteur. En outre, un avantage évident, c'est que la rétention est souvent, pour le créancier rétenteur, le seul moyen de se faire payer. Enfin, la rétention, confère à celui qui l'exerce le rôle de défendeur, toujours plus avantageux. D'un autre côté, les obligations du rétenteur sont celles du créancier gagiste. Il est tenu de toute perte ou détérioration provenant de sa faute, ne doit pas abuser de la chose etc. (Analogie avec le contrat de gage.)

Le droit de rétention s'appliquera toutes les fois que nous trouverons réunies les trois conditions dont nous avons parlé, à moins qu'un texte formel ne s'y oppose. Citons seulement les principaux cas d'application.

Il est admis d'une façon absolue, dans le cas de *Dépenses nécessaires*; les textes ne distinguent pas entre le possesseur de bonne ou de mauvaise foi. Rentrent, selon moi dans la catégorie des impenses nécessaires, celles faites à l'occasion des fruits.

Quant aux impenses utiles, une distinction est nécessaire. Le propriétaire ne devra une indemnité que dans les limites de son enrichissement. Il aura donc intérêt à saisir, pour revendiquer, un moment de moins-value. Mais enfin, quelle que soit la somme due par le propriétaire, à raison des impenses utiles, au possesseur, il faudra permettre à ce dernier, s'il est de bonne foi, d'invoquer le droit de rétention.

Sauf en matière de pétition d'hérédité, le droit de rétention est formellement refusé par les textes au possesseur de mauvaise foi qui a fait des dépenses seulement utiles. S'il perd, c'est qu'il s'est mis dans le cas de perdre

Il va sans dire que le droit de rétention n'est pas accordé pour les dépenses voluptuaires. Le possesseur n'a que la ressource de l'enlèvement.

Un cas important d'application s'offre aussi à propos des impenses du mari, lorsqu'il est obligé de restituer la dot de la femme. Le mari peut réclamer les dépenses nécessaires et les dépenses utiles faites avec le consentement de sa femme. Il usera donc du droit de rétention.

A Rome contrairement à notre Code civil, le droit de rétention était refusé au dépositaire. (1).

Mentionnons encore certains cas d'application : Le vendeur, qui n'est pas intégralement payé du prix de vente, peut retenir l'objet vendu et non livré. Le mandataire et le gérant d'affaires, l'associé et le propriétaire de biens indivis peuvent aussi se servir de la *retentio*, à propos des dépenses au remboursement desquelles ils ont droit, etc., etc.....

Le droit de rétention s'éteint lorsque l'une des conditions nécessaires à son existence vient à manquer. Exemples: La créance qu'il garantit vient à s'éteindre par un mode ordinaire d'extinction des obligations. — Le créancier a perdu la possession, soit volontairement, soit par le fait d'un tiers. — L'anéantissement de la chose se produit par cas fortuit. — Le créancier renonce à son droit.

Sous Justinien, d'importantes modifications étant survenues dans la procédure. il n'est plus question d'exceptions. La formule n'existe plus, il n'y a pas besoin de la modifier. Le défendeur opposera ses moyens de défense dans le cours de l'instance, et, les condamnations n'étant plus pécuniaires, le juge au lieu de diminuer la *condemnatio* pour faire droit au défendeur, lui permettra, tout sim-

(1) Le motif de cette solution injuste est, dit-on, que le dépôt est un contrat de bonne foi.

plement de ne restituer qu'après avoir été payé par le propriétaire. C'est le droit de rétention tel que nous le comprenons aujourd'hui. Sa forme et ses effets ne sont plus les mêmes que sous le système formulaire, mais ses conditions et ses caractères, indépendants de la procédure, n'ont pas changé.

ANCIEN DROIT FRANÇAIS

Au Ve siècle, le principe qui dominait dans les Gaules était celui de la personnalité des lois. Les Gallo-Romains conservaient donc l'usage du droit romain, tandis que les barbares, les Germains obéissaient à leurs coutumes nationales. — On trouve la trace du droit de rétention dans une *lex romana*, appelée *Bréviaire d'Alaric*, qui fut publiée au midi de la Gaules, chez les Visigoths. — De plus, nous savons que le Code Théodosien, sous l'empire des rois Francs, était un des éléments de l'éducation de la jeunesse. — (Grég. de Tours, IV, chap. 47.) L'existence du droit de rétention chez les Gallo-Romains est à peu près certaine, puisque cette population continue à être régie par le droit romain. — Chez les barbares, nous ignorons ce qui se passait relativement au droit de rétention. Leurs Lois n'en font pas mention. Même silence dans les Capitulaires de Charlemagne. Suit-il de là que le droit de rétention n'existât pas ? — Nous ne le croyons pas. Les lois barbares s'occupent plutôt de droit criminel que de droit civil et les Capitulaires ne contiennent que 110 articles relatifs à la législation privée, tandis que 4044 articles sont affectés à des sujets différents. Les lois barbares et les Capitulaires ne parlent pas du droit de rétention, mais ne le prohibent pas.

Le recueil de droit romain intitulé *Petri exceptiones*, qui parut au XI⁰ siècle, sur le territoire de Valence, nous enlève enfin aux conjectures. Ce recueil reconnaît formellement, à propos du créancier gagiste, l'existence du droit de rétention.

A ce moment, le droit coutumier était déjà établi. C'est sur lui que va se porter notre attention. Deux législations viennent de se partager la France. Le Midi conserve le droit romain, sous le nom de droit écrit, et accepte, par le fait même, le droit de rétention, tel que nous l'avons étudié à Rome. Le Nord suit les coutumes locales.

Dans les pays de coutume, les Seigneurs s'opposèrent à la généralisation du droit de rétention. Ce droit, en effet, diminuait le nombre des procès. Une seule instance suffisait pour vider plusieurs contestations. Or, depuis l'établissement des Justices seigneuriales, un Seigneur considérait le droit de rendre la justice comme un bien patrimonial. Le droit de rétention contrariait les intérêts des Seigneurs, diminuait leurs profits. Aussi, la rétention jouit-elle d'une faveur bien légère dans le droit coutumier. Quelques coutumes cependant en font mention, mais en en faisant l'application à des cas spéciaux, sans donner une théorie générale.

Quoique repoussé par les coutumes, le droit de rétention ne disparut pas pendant les XII⁰ et XIII⁰ siècles, et nous en retrouvons la trace dans les auteurs qui se sont occupés de droit romain, Pierre de Fontaine (1) et Jean Bouteiller. (2)

A partir du XV° siècle, plusieurs ordonnances, émanant du pouvoir royal, intervinrent pour réglementer l'exercice du droit de rétention et lui assigner des limites fixes.

La première ordonnance fut celle de Montils-lès-Tours, qui parut sous le règne de Charles VII, en 1453. — Elle s'oppose à ce que les procureurs « ne retiennent les lettres et titres des parties, sous couleur de leurs dits salaires. »

Vient ensuite l'ordonnance de Villers-Cotterets, promulguée en 1539 par François Ier ; l'article 97 restreint l'emploi abusif du droit de rétention qui avait pour conséquence d'entraver l'exécution des jugements. L'ordonnance décide que le défendeur est tenu de se dessaisir de l'objet qui fait sa garantie, si la liquidation n'est pas achevée dans le délai arbitré par les exécuteurs.

L'édit de Moulins (1566), vu l'insuffisance de l'ordonnance de Villers-Cotterets, la modifie dans son article 52, en permettant de refuser le droit de rétention, à la condition qu'une caution serait fournie au possesseur pour lui garantir le paiement intégral des dépenses faites. — Enfin, l'ordonnance de 1667 ajoute que si le possesseur a fait la liquidation de ses impenses dans le délai fixé par le juge, le droit de rétention subsiste en sa faveur et il peut refuser la caution.

Nous avons indiqué les monuments principaux qui traitent du droit de rétention dans notre ancien droit: Les

(1) Le conseil de Pierre de Fontaines, en 1523. Chap. 15.
(2) Somme Rurale. T. 43, liv. 1.

législateurs ont successivement proclamé ce droit, lui reconnaissant l'équité pour fondement ; mais nous n'avons trouvé nulle part une théorie générale, bien nette, bien accusée. Notre droit français actuel, nous laisse dans la même incertitude. Nous allons en aborder l'explication ; la plus grande division règne dans la doctrine et les principes fondamentaux eux-mêmes sont mis en question.

Etude générale du Droit de Rétention.

Nous venons de le dire, le droit de rétention n'a pas été envisagé par notre Code civil d'une façon systématique. L'incertitude qui règne sur la matière, la diversité des opinions en font un sujet des plus ardus et des plus délicats. En examinant l'esprit général des différentes dispositions de notre droit civil qui le reconnaissent, peut-être trouverons-nous à quel principe ces dispositions doivent être ramenées.

Deux principes dominent la matière. *Rauter* les énonce ainsi : « L'état de possession est un état à maintenir provisoirement, et qui ne doit pas être changé ou troublé d'autorité privée. » — « Lorsque nous sommes attaqués, d'une manière quelconque dans la jouissance de nos droits, et que l'intervention du juge est impossible pour le moment, nous pouvons provisoirement nous défendre par nos propres moyens. »

Supposons que le propriétaire d'un objet l'ait déposé entre les mains d'un tiers. L'objet dépérissant pendant le temps qu'il n'est pas réclamé, le dépositaire fait des frais pour le conserver. La simple équité nous indique que le propriétaire est devenu débiteur du dépositaire. Si donc, il veut rentrer en possession de son objet, il devra payer au dépositaire les dépenses que l'objet a nécessitées. Le propriétaire refuse de payer. Pourquoi le dépositaire n'aurait-il pas le droit de retenir l'objet jusqu'au paiement? Le droit de rétention excite le propriétaire à se libérer. Il est comme la sanction de ce principe que nul ne peut être forcé de remplir ses obligations vis-à-vis de celui qui, tenu d'une obligation réciproque, se refuse à l'exécuter.

Cependant, dans le cas précité, la Loi prend la peine d'accorder expressément le droit de rétention. Pourquoi? C'est qu'il est de la nature même du dépôt que le déposant peut réclamer l'objet déposé, à toute époque, quand il le voudra. Le dépositaire est un *alter ego*, il possède pour le déposant.

Nous pouvons considérer le droit de rétention sous deux rapports importants : 1° Préférence conférée au rétenteur vis-à-vis des autres créanciers. 2° Droit d'être juge dans sa propre cause.

1° Le rétenteur a-t-il un droit de préférence vis-à-vis des autres créanciers?

La rétention n'est pas une cause de préférence proprement dite. Le rétentionnaire n'a pas le droit d'être payé avant les autres; il n'est pas colloqué avant eux. Il dé-

tient l'objet, voilà tout. La preuve en est que s'il se dessaisit il devient un créancier ordinaire. La Loi est si minu-
tieuse dans l'énumération des causes de préférence, qu'elle
aurait mentionné le droit de rétention. Elle ne l'a pas fait ;
elle ne lui a pas attribué le caractère des privilèges et hypothèques ; or, il n'y a entre les créanciers de causes légitimes de préférence que les privilèges et hypothèques, (2093,
2094.) Donc le droit de rétention ne donne pas, par lui-
même un droit de préférence à l'égard des tiers créanciers.

2° Le droit de rétention n'est-il pas en contradiction avec
ce principe : « On ne peut se faire justice à soi-même. »
Non assurément. Pourquoi l'interprétation serait-elle plus
restrictive en droit civil qu'en droit pénal ? Quand je suis
de bonne foi en usant du droit de rétention, n'est-ce pas
parce que je comprends qu'il y a nécessité actuelle, immé-
diate, à protéger mes droits ? Je ne change rien à l'état
actuel de la possession. Je ne demande qu'à n'être pas
dépouillé. Le droit de rétention se présente comme une
voie de fait, tendant à faire prévaloir au moins temporaire-
ment, un simple droit de créance sur le droit de propriété.
Il est employé à conserver la possession de la chose, et
non à la faire restituer. Dans ce dernier cas, on aurait
raison de dire qu'on viole le principe dont il s'agit, mais
il est inutile d'en parler. Par le seul fait que nous aurions
été dépouillés de la chose, le droit de rétention se serait
éteint. C'est une autre question qui se poserait, et, à coup
sûr, celle-là devrait être portée devant un juge. On ne
pourrait employer la violence pour se faire rendre un objet
dont on n'est pas propriétaire ; mais retenir ce que l'on
possède par une juste cause, dans le but unique de se pré-

server d'une injustice de la part de celui qui réclame la chose possédée, ce n'est pas à proprement parler se faire justice, mais simplement se défendre, ce qui est bien différent.

Le propriétaire, qui réclame et ne veut pas payer, agit avec mauvaise foi ; le juge n'est pas présent. Sa protection ne peut donc pas être invoquée avec efficacité, car le danger est immédiat. Ma défense est dans mon refus spontané de livrer. Si je livre, je suis lésé. Je suis en possession ; j'ai le droit de jouir ; donc la défense propre m'est permise. Je ne me fais pas moi-même justice, j'empêche tout simplement qu'on ne me rende audacieusement victime de ma bonne foi.

Des deux points de vue auxquels nous venons de nous placer pour examiner la théorie générale du droit de rétention, il résulte selon nous ;

1° Que le droit de rétention, n'étant pas, à proprement parler, une cause de préférence, on peut ne pas l'interpréter limitativement.

2° Que le droit de rétention n'étant pas contraire au principe : « Nul n'a le droit de se rendre justice soi-même », on doit l'admettre dans les cas analogues à ceux où le Code l'admet formellement, surtout lorsque existent les mêmes motifs d'équité.

Nous concluons : Le droit de rétention doit être admis dans notre droit comme principe général ; c'est une conséquence du principe d'équité qui préside à la rédaction de notre Code. Nous faisons une restriction pour les institutions qui ont leur fondement dans la seule Loi Civile et non dans le droit naturel. Il est clair aussi, qu'il doit être refusé dans le cas où il serait contraire aux bonnes mœurs et à l'ordre public.

Conditions requises pour l'existence du Droit de Rétention.

La question de savoir quelles sont les conditions requises pour l'existence du droit de rétention est vivement controversée. On est d'accord sur la nécessité des deux suivantes :

1° Celui qui veut exercer le droit de rétention doit avoir la possession ou la détention d'une chose appartenant à autrui.

2° Il doit être créancier de celui qui en réclame la restitution.

Nous ajoutons une troisième condition, qui a été contestée : La créance doit être née à raison de la chose retenue, ou, plus explicitement, il faut un lien de connexité, une corrélation entre la chose et la dette à l'occasion de laquelle on veut exercer le droit de rétention.

Enfin, MM. Aubry et Rau donnent comme condition à la fois nécessaire et suffisante, l'existence d'une convention ou d'un quasi-contrat autorisant la rétention.

La première condition n'est pas discutable. Elle est de l'essence même du droit de rétention. On ne peut retenir

que ce que l'on possède. Cette possession est évidemment
à titre précaire, car celui qui exerce le droit, reconnaît implicitement qu'il n'est pas propriétaire de l'objet retenu.
Nous croyons, quoique la question soit douteuse, que le possesseur de mauvaise foi ne peut pas l'exercer, car notre
droit est basé sur l'équité : l'usurpateur qui, par violence,
dépouille le véritable propriétaire, le voleur qui lui sous-
trait frauduleusement un objet quelconque, alors même
qu'ils auraient empêché le dépérissement de la chose usur-
pée ou volée, ne peuvent pas sous prétexte de se faire rembourser leurs impenses, se prévaloir du droit de rétention (1). Cela est certain.

Le principe de la possession par le créancier est telle-
ment fondamental en notre matière, que la Cour de cassation a décidé, que même en cas de rétention conventionnelle, les parties ne peuvent y déroger, et convenir que le
créancier jouira de ce droit sans avoir la possession (Dall.,
52, 1, 292).

Comme la première, la deuxième condition est logique.
Si le possesseur retient l'objet, c'est qu'il a un motif pour
agir ainsi. Ce motif, c'est sa créance vis-à-vis du propriétaire. Il peut se faire néanmoins que le créancier puisse
invoquer le droit de rétention sur un objet appartenant à un
autre que son débiteur, par exemple, lorsque l'aubergiste
retient de bonne foi les effets apportés dans l'auberge par
le voyageur, et que ces effets ne sont pas la propriété de
ce dernier; ou bien encore, lorsqu'il est détenteur d'un

---

(1) Il a même été jugé que l'acquéreur, qui a connu les vices de son
titre d'acquisition, ne peut, en cas d'éviction, retenir l'objet jusqu'au
paiement des améliorations qu'il a faites.

6

objet mobilier volé, circonstance prévue par l'article 2279. Le créancier croit que l'objet appartient à son débiteur, tandis qu'il est la propriété d'un tiers. (1)

Nous ferons observer que la créance du rétenteur doit être exigible, ce qui n'est dû qu'à terme ne pouvant être exigé avant l'échéance du terme. (A. 1186.) Retenir la propriété du débiteur jusqu'à ce qu'il se libère, ce serait indirectement demander le paiement.

Il nous paraît que la négative doit être admise sur la question de savoir si une créance purement naturelle suffit pour permettre l'exercice du droit de rétention. Nous nous appuyons pour le décider ainsi sur l'article 1235, ainsi conçu dans son deuxième alinéa : « La répétition n'est pas admise à l'égard des obligations naturelles *volontairement* acquittées. » Il faut donc que le débiteur proclame la légitimité de son obligation en l'exécutant volontairement. Tout moyen de contrainte doit être écarté. Avec la rétention, le créancier éluderait la Loi. La coercition, quoique indirecte, n'en existerait pas moins. Nous croyons ce motif suffisant pour décider qu'une créance purement naturelle ne doit pas donner lieu à l'exercice du droit de rétention.

Sur la troisième condition, les auteurs sont divisés. Faut-il pour pouvoir invoquer le droit de rétention, que la créance soit née à l'occasion de la chose retenue ? On l'a contesté. Cette condition nous paraît nécessaire.

Voici nos motifs : Le droit de rétention émane directe-

(1) D'après un arrêt du Conseil d'état du 19 juillet 1854, (rapporté dans Dalloz, 1855, 3, 17) l'État ne serait pas soumis à l'exercice du droit de rétention, par ce motif singulier que l'État n'est ni insolvable ni de mauvaise foi.

ment du droit naturel ; il est préexistant à toutes les législations puisqu'il repose sur une maxime d'équité, qui est celle-ci : Nul ne peut être tenu de remplir ses obligations vis-à-vis de celui qui, réciproquement obligé, refuse de s'exécuter. L'exécution de l'obligation d'une des parties est soumise conditionnellement à l'exécution de l'obligation de l'autre, et si nous supposions des faits différents donnant naissance à l'obligation de chaque partie, nous arriverions, en admettant dans ce cas le droit de rétention, à consacrer une véritable iniquité. A propos d'un dépôt minime que le propriétaire d'un immeuble aurait fait entre les mains d'une personne détenant son immeuble, celle-ci, alléguant quelques frais insignifiants de conservation, pourrait refuser de rendre l'immeuble au propriétaire. Il faut que la dette soit née à l'occasion de la chose ou par rapport à elle, pour qu'il y ait lieu à rétention, en dehors d'un *texte positif*. La Loi elle-même nous indique, par des analogies frappantes, la solution que nous devons adopter. La plupart de ses dispositions consacrent le principe formulé dans notre troisième condition. La connexité de la créance et de la chose détenue se rencontrent dans presque tous les textes du Code qui contiennent des applications du droit qui nous occupe. Les articles 1749, 2102 § 1, font seuls exception. On est donc fondé à croire que notre condition était une règle suivie par le législateur.

Donc, pour que la rétention soit permise, il faut, comme on disait autrefois, que la dette pour laquelle on l'invoque soit jointe à la chose retenue : *Debitum cum re junctum*.

Il suit de là, que le rétenteur ne pourrait pas exiger du propriétaire le paiement d'une créance antérieure, qui ne serait pas née à l'occasion de la chose détenue. Dès que la créance née à cette occasion serait éteinte, la rétention n'aurait plus sa raison d'être.

L'idée d'équité qui est la base du droit de rétention, nous a conduit à écarter dans un chapitre précédent tout système qui ne l'admettait pas comme principe général. « Il ne peut être question d'un droit de rétention que dans les cas où la Loi l'accorde » disent nos adversaires, parce que toute préférence entre créanciers est une exception à la règle, et par suite ne peut s'étendre par analogie. Nous avons démontré que le droit de rétention n'était pas à proprement parler un droit de préférence. Ils ajoutent qu'en cherchant un appui dans le droit romain nous oublions la loi du 30 ventôse an XII ; mais si cette loi abolit les lois romaines dans les matières qui sont l'objet du Code civil, nous supposons qu'elle n'abolit pas les principes d'équité et de justice qui sont éternels. Nous ne nous permettrions pas assurément de calquer pour ainsi dire, la théorie que nous soutenons sur les données un peu vieillies du droit romain, car il est des points où les deux législations diffèrent, par exemple, en ce qui concerne les effets des contrats synallagmatiques, ; mais nous pouvons nier l'influence de la loi du 30 ventôse sur les idées morales qui ont présidé à la confection du Code. Est-il admissible qu'on ait répudié deux législations entières qui avaient proclamé la généralité du droit de rétention, surtout quand il est attesté par les travaux préparatoires que les rédacteurs du Code ont entendu « suivre l'esprit des lois romaines. »? et quand M. Portalis affirme par ces mots : « Nous sommes remontés au droit romain » que les principes anciens ont été maintenus ?

A côté de ce premier système si sévère, s'élève celui de MM. Aubry et Rau qui l'est encore trop pour ne pas être repoussé. Outre les trois conditions que nous avons indiquées ; en un mot, outre le *debitum cum re junctum*, il exige encore que la dette ait pris naissance à l'occasion d'un contrat ou d'un quasi-contrat, « Il suffit pour justifier l'extension par analogie, et il est nécessaire pour l'autoriser que la détention se rattache à une convention ou au moins à un quasi-contrat. » Alors la position des parties est identiquement pareille à celle qui se rencontre dans les hypothèses où le droit de rétention est formellement reconnu par la Loi et l'article 1134 justifie dans ce cas l'extension du droit de rétention. Ce système est assurément préférable au premier. La rétention est légitime dans tous les cas où il l'admet, car tous ces cas tombent sous l'application des articles 1134 ou 1184. Pourquoi s'en tenir là? Pourquoi n'être pas plus large et ne pas étendre le droit aux cas où il y a seulement *debitum cum re junctum*? Le système est ingénieux, nous l'avouons, mais repose-t-il sur des bases solides? Plus libéral que le premier, il ne l'est cependant pas assez, selon nous. L'article 1134 n'a rien de commun avec le droit de rétention. Il renferme un principe d'équité, c'est vrai, mais pourquoi vous en servez-vous pour rétrécir le jeu d'un autre principe d'équité? Pourquoi le droit de rétention serait-il soumis à la règle de l'article 1134? Du reste, la Loi ne consacre pas toujours votre exigence. L'article 867 le prouve : « Le cohéritier qui fait le rapport en nature d'un immeuble, peut en retenir la possession jusqu'au remboursement effectif des sommes qui lui sont dues pour impenses ou améliorations. » Avons-nous ici la trace

d'une convention ou d'un quasi-contrat? La Loi admet cependant le droit de rétention. Du reste, est-ce que la doctrine ne l'admet pas toujours en faveur du possesseur de
bonne foi, sans qu'il y ait aucune convention?

Quant à nous, nous croyons que la connexité de la
créance et de la chose détenue se rencontrant dans presque tous les textes du Code qui contiennent des applications du droit de rétention, comme nous l'avons déjà dit,
est par suite la règle appliquée par nos lois et le fondement de leur décision, mais quelques textes exceptionnels
accordant le droit sans qu'il y ait connexité, nous concluons qu'en général la condition de connexité est nécessaire, et que par extraordinaire, en concédant le droit
par un texte précis, le legislateur peut en dispenser. (A. 1749,
2102 § 1)

Il est regrettable que nous ne puissions pas ajouter ici
que le droit de rétention est soumis à la transcription.
Aucune formalité de publicité n'est exigée. Un droit clan-
destin anéantira les droits publics. C'est un oubli de la Loi.

Dans deux cas cependant, les tiers auront connaissance
de ce droit, par suite d'une transcription.

Le premier est celui de l'antichrèse (A. 2, L. 23, Mars
1855.). Le droit de rétention, conventionnel dans l'antichrèse, est porté accessoirement à la connaissance des tiers
par l'effet de la transcription.

Le second cas est celui où un vendeur, afin d'assurer
son privilège, fait transcrire le contrat de vente avant le
paiement du prix et *avant toute délivrance*. La transcription portera à la fois à la connaissance des tiers, la nouvelle de la vente et de la rétention.

Caractères du Droit de Rétention

Le droit de rétention est accessoire, indivisible, et, selon nous, réel.

1° Accessoire. — Ce caractère est évident. Il n'a de conséquence qu'à l'égard de l'extinction du droit de rétention. En effet, notre droit suppose une créance qu'il garantit. Il tombe dès que la créance s'éteint, c'est-à-dire, dès que le rétentionnaire a fait droit aux prétentions légitimes du rétenteur.

A un autre point de vue, nous pouvons dire que le droit de rétention est aussi un droit principal, car il peut exister abstraction faite de toute espèce de danger pour l'acquittement de la dette du rétenteur. Alors même que le rétenteur aurait d'autres sûretés, il peut l'invoquer. Son fondement légal étant dans une sorte de mauvaise foi du propriétaire, il importe peu, pour qu'il puisse être exercé, que le rétentionnaire soit solvable. En un mot, il n'est pas accordé seulement pour le cas où il n'existe pas d'autre voie possible.

2° Indivisible. — Comme le gage, comme le privilège, comme l'hypothèque, le droit de rétention est indivisible. C'est ici qu'il faut remarquer l'énergie de la garantie donnée par ce droit. Comme il affecte chaque portion de la chose sur laquelle il porte, pour la totalité ainsi que pour

une partie de la créance, on conçoit que le propriétaire de
l'objet retenu sera d'autant plus pressé de se libérer entièrement vis-à-vis du rétenteur, qu'il se sera déjà libéré d'une
portion de sa dette. En effet, quel que soit le peu d'importance du reliquat de la dette, le rétenteur a le droit de conserver l'objet. Qu'on ne nous dise pas que ce résultat est
inique, qu'il est dur de retenir comme garantie d'une dette
de vingt francs un objet qui en vaut mille, car, à son origine,
au moment où est né le désaccord entre les parties, le droit
de rétention a pu s'exercer, quelque considérable que fût la
valeur retenue et quelque modique que fût la créance. Tant
que le propriétaire n'a pas complétement acquitté sa dette,
tant qu'il persiste dans son refus de m'indemniser de mes
déboursés, en un mot, tant qu'il se renferme dans cette
sorte de mauvaise foi qui consiste à ne pas exécuter l'obligation corrélative de la mienne, j'ai le droit de retenir
l'objet.

Le droit romain et notre ancien droit ont reconnu au
droit de rétention le caractère d'indivisibilité. Les articles 2082, 2083, 2087, pour la rétention conventionnelle ;
les articles 867, 1673, 1948, pour la rétention légale ne
peuvent laisser aucun doute sur ce point dans le droit
actuel.

Voici une application de l'indivisibilité : « Un ouvrier
reçoit un lot de marchandises à façonner ou à réparer ; il
restitue une partie des marchandises sans s'être fait payer ;
il peut retenir le surplus pour la garantie de la totalité de
ce qui lui est dû » (1). Pour nous, cela est incontestable.
M. Laurent s'élève contre ce résultat. « L'ouvrier, dit-il,

(1) Laurent, T. 29° 2° édition. P. 344.

rend une partie des marchandises, donc il renonce à une partie de sa garantie. » Assurément non, car en gardant cette partie, il croit que sa garantie est encore suffisante. « Ce qui le prouve, ajoute cet auteur, c'est que l'ouvrier ne peut pas se prévaloir (dans l'opinion générale) du droit de rétention pour ce qui lui est dû, quand il reçoit des marchandises en vertu d'une nouvelle convention ! » D'abord, cette réflexion, ne prouve rien contre l'indivisibilité du droit de rétention. Ensuite, M. Laurent sait bien que cette opinion générale dont il parle, exige comme condition nécessaire à l'existence de notre droit que la dette soit née à l'occasion de la chose. Une convention nouvelle est intervenue, un nouveau dépôt a été fait à propos duquel le propriétaire n'a contracté aucune dette, donc l'ouvrier ne peut pas exercer le droit de rétention sur le nouveau lot des marchandises. Tant pis pour lui s'il n'a pas retenu le premier lot. Ce résultat est conforme aux principes.

3° Réel. — Il nous reste à déterminer ce troisième caractère. Cette réalité du droit de rétention a été vivement contestée et a donné lieu à la discussion la plus importante de la matière. Personnel, notre droit ne sera applicable qu'aux rapports du propriétaire avec le détenteur. Réel, il sera opposable tant aux ayants-cause du propriétaire qu'au propriétaire lui-même. L'intérêt de la question est donc considérable. — D'après les données de la raison seule, il nous semble que nier la réalité du droit de rétention, c'est le rendre illusoire et lui enlever son utilité pratique. Nous n'avons pas hésité à refuser au droit de rétention le droit de privilège proprement dit, parce que ce

terme eût été exagéré, mais la discussion qui s'est élevée
à ce sujet prouve au moins que le droit de rétention a quelque analogie avec le privilège. Il est comme lui une garantie opposable aux tiers. Sinon, il suffirait au débiteur
d'aliéner l'objet grevé du droit de rétention pour en priver
le créancier. Quelle serait alors l'utilité de notre droit? Il
serait opposable au débiteur de bonne foi, soit. Et si les
autres créanciers le font disparaître en pratiquant une saisie! « Qui ne voit, en effet, que si le droit de rétention
est purement personnel, cette dépossession que ne peut
réaliser lui-même le débiteur, pourra être accomplie par
un acheteur, par un créancier même chirographaire, et
qu'il suffira d'un concert frauduleux entre le débiteur et un
tiers, d'une vente, d'une obligation fictive, pour annihiler
complétement et dans tous les cas le droit en question »
(Cabrye). Le débiteur propriétaire de l'objet pourra le vendre, c'est clair, car rien ne lui a enlevé son droit de disposition, son droit de propriété ; mais ce droit est transmis
modifié par celui du rétenteur, et l'acquéreur ne pourra
exiger la délivrance de l'objet qu'il vient d'acheter qu'après
avoir payé au rétenteur une juste et préalable indemnité.
Sans cela, le but de la Loi ne serait pas atteint et le droit
de rétention n'aurait aucune importance.

Certains auteurs, parmi lesquels Troplong, ont prétendu
que notre droit n'était qu'une exception personnelle de
créancier à débiteur. « Il est sans efficacité à l'égard des
tiers » (Troplong, Nantissement, § 575.) La rétention n'af-
fecterait en rien la chose même que ce droit a pour objet;
sa source étant dans le *Dolus malus* du propriétaire qui,
sans avoir payé les frais nés à l'occasion de la chose, veut

la reprendre; il est clair que la personnalité en résulte et que le rétenteur, actionné par le rétentionnaire, pourra se retrancher derrière la mauvaise foi de ce dernier. Mais quelle mauvaise foi pourrait-on reprocher à l'acheteur, au créancier, en un mot, à l'ayant cause du rétentionnaire, lorsqu'il se trouvera en conflit avec le rétenteur? Aucune. Donc, le droit de rétention n'est opposable qu'au rétentionnaire seul.

Nous repoussons ce système.

Quelles sont d'abord les objections qui se présentent contre notre opinion? Nous les réfuterons au fur et à mesure qu'elles se présenteront.

On objecte : 1° Si le droit de rétention est un droit réel, il constitue une cause légitime de préférence entre créanciers, et l'article 2094, qui énumère les causes de préférence, est muet sur ce droit.

Nous avons déjà expliqué pourquoi la Loi n'avait pas compris le droit de rétention parmi les causes de préférence. C'est, qu'à proprement parler, il n'en est pas une. Son objet est la possession de la chose, tandis que le but d'un droit de préférence serait la valeur même, le prix de cette chose. Le rétenteur a la supériorité unique de pouvoir conserver le bien du débiteur tant qu'il n'est pas désintéressé, supériorité qu'il perd dès qu'il s'en dessaisit. — Il ne s'en suit pas de ce que l'article 2094 est limitatif que le droit de rétention ne soit pas réel. Nous avons démontré que ce droit, d'une nature particulière, avait fort bien pu ne pas être défini par la Loi, et nous avons conclu qu'on pouvait l'étendre en dehors des cas où la Loi l'autorise, pourvu qu'il y ait analogie. Si l'article 2094 n'en parle pas, c'est donc parce qu'il diffère, en quelque point, du privilège ou de l'hypothèque. En effet, il n'engendre pas le droit de suite.

2° Le droit de rétention est personnel, dit-on, car il puise sa source dans l'exception de dol; or, l'exception de dol était sans effet à l'égard des tiers. — C'est une erreur. En droit romain, on pouvait opposer l'exception de dol aux tiers, car il y avait dol de leur part à réclamer l'objet retenu sans rembourser le créancier. (L. 29, § 2, Pignor. et hypot.)

3° On nous affirme que partout où la loi accorde la rétention, elle suppose un rapport de créancier à débiteur. Souvent, oui. Partout, non. L'article 1749 réfute cette objection. Il accorde le droit de rétention contre le bailleur et le nouvel acquéreur; or, le bailleur seulement est débiteur, le nouvel acquéreur est un tiers. Comment dire alors que le Code a considéré la rétention comme une simple exception restreinte aux rapports entre le créancier et le débiteur? Comment, puisque ce droit est accordé contre les tiers, ne pas admettre sa réalité? Cet article seul suffirait pour établir notre système.

4° On continue: L'article 609 du Code de procédure s'oppose à la réalité du droit de rétention. En effet, il en résulte qu'aucun créancier, même le propriétaire locateur (c'est-à-dire un créancier rétenteur, car le locateur est nanti), ne peut pour quelque cause que ce soit, s'opposer à la saisie faite par les autres créanciers. — Nous avouons que cette objection est sérieuse. Nous ferons remarquer cependant que l'article 609 est étranger au droit de rétention. Il suppose la seule saisie-exécution. Or la saisie-exécution ne peut pas s'exercer contre un immeuble. Quant aux meubles, ils ne peuvent être atteints dans les mains du rétenteur qu'au moyen de la saisie-arrêt. Mais la loi ne prévoit pas spécialement l'hypothèse où le saisissant se trouverait en présence d'un créancier ayant le droit de rétention. Nous ne nions pas que le propriétaire locateur ait ce droit, mais nous disons que par exception, il le voit céder devant la saisie de son gage. Ici, évidemment, dans ce cas tout à fait spécial, le droit de rétention perd sa réalité, mais cette exception s'explique. En effet, non seulement elle ne nuit pas au propriétaire locateur puisqu'il conserve son privilège, mais encore elle accélère la procédure de la saisie. Du reste, n'était-ce pas par une pure fiction que le locateur était considéré comme nanti? Est-ce que le propriétaire locateur détient les meubles qui demeurent toujours entre les mains et sous la clef du locataire? Nous pourrions au besoin nier que le propriétaire soit un rétenteur. Donc la règle contenue dans l'article 609 n'infirme en rien notre théorie.

5° Une dernière objection se fonde sur le texte de l'article 2091, ainsi conçu: « Tout ce qui est statué au présent chapitre, (de l'antichrèse) ne préjudicie point aux droits que des tiers *pourraient avoir* sur le fonds de l'immeuble remis à titre d'antichrèse. » Le créancier antichrésiste jouit, nous le savons, d'un véritable droit de rétention, puisque le débiteur ne peut lui réclamer la jouissance de l'immeuble remis en antichrèse, avant l'entier acquittement de la dette. On voudrait conclure de l'article 2091 que le créancier ne pourrait pas opposer son droit d'antichrèse aux créanciers futurs qui acquerraient des droits sur l'immeuble retenu. Selon nous, les mots: *pourraient avoir* reçoivent une interprétation forcée et inexacte. L'article vise seulement les droits déjà acquis au moment de la constitution d'antichrèse, droits antérieurs à l'établissement de notre droit de rétention, et ne s'occupe nullement des droits qui pourraient être acquis par la suite.

Pour que l'interprétation donnée à l'article fût vraie, il faudrait qu'il contînt ces mots : « pourraient avoir *ou acquérir* » Ces mots : « ou acquérir » sont absents. Donc, le droit du créancier antichrésiste est opposable aux droits postérieurement acquis. — Alors, ajoute-t-on, l'article 2091 n'a plus sa raison d'être. Il ne signifie rien. Nous répondons qu'il tranche une question autrefois controversée, celle de savoir si le droit du créancier antichrésiste n'était pas préférable au droit de tout autre créancier, même antérieur. — Pourquoi notre droit n'est-il pas opposable aux créanciers antérieurs? Parce que le débiteur n'a pu céder au créancier antichrésiste plus de droit qu'il n'en a lui-même. Il s'éclipse devant un droit réel préférable.

Nous croyons avoir établi la réalité du droit de rétention. Ce caractère est conforme aux données de la raison d'abord, il résiste ensuite aux objections élevées contre lui. Les précédents historiques eux-mêmes sont en faveur de notre théorie. Il est à présumer que les rédacteurs du Code ont suivi le principe de réalité qu'ils avaient trouvé établi. Dumoulin l'atteste de la façon la plus formelle : « *Jus retentionis est reale.* »

Pothier apporte une exception à cette formule, mais ne la contredit pas. C'est dans le cas où le propriétaire est trop pauvre pour pouvoir rembourser la dépense faite par le possesseur. Par cette exception, Pothier reconnaît implicitement la réalité du droit de rétention.

Nous pouvons ajouter que l'article 446 du Code de commerce confirme entièrement notre théorie. Il annule, sur la demande des créanciers du failli, les droits acquis par un créancier antichrésiste depuis la cessation des paiements ou dans les dix jours qui ont précédé. Sur ce point, voici les paroles de M. Mourlon dans son examen critique : « Si, dans l'espèce, l'antichrèse peut être annulée sur la demande des autres créanciers du débiteur, c'est qu'évidemment elle leur préjudicierait si elle était valable ; et si, quand elle est valable, ils la doivent subir, c'est qu'évidemment encore elle constitue un droit réel. Tout cela est sans réplique. »

De nombreux arrêts de Cour décident en ce sens. (1)

(1) **Cour de Lyon. Cour de Cassation** (Dall., 1850 — 2 — 14;
1869 — 1 — 76;
1850 — 1 — 10;
1872 — 1 — 353;
1875 — 1 — 354.)

CAS D'APPLICATION

DU DROIT DE RÉTENTION

I

Examen des cas où il est reconnu par la Loi.

§ 1. *Droit de rétention du propriétaire exproprié.* —
L'utilité publique exige parfois le sacrifice de la propriété
privée. Lorsque les travaux ont été reconnus nécessaires
et que l'expropriation a été décidée par les tribunaux, le
propriétaire ne peut se refuser à se laisser dépouiller de
son bien. Seulement, il a le droit d'exiger, avant d'abandonner la possession, une indemnité préalable. Tant que cette
indemnité n'est pas payée, il conserve le droit de rétention et se maintient en possession. (art. 545, L. du
3 mai 1841.) L'indemnité doit être préalable ; elle doit donc
consister dans un capital et non dans une redevance. Dans
certaines circonstances cependant, il y a lieu à une prise
de possession provisoire, mais la loi de 1841 concilie parfaitement les droits de l'administration et ceux du propriétaire.

Le droit de rétention du propriétaire cède pourtant devant les cas de force majeure, siège, inondation, incendie, etc. (L., 3 mai 1841, art. 76 ; L., 8 juillet 1791, art. 35, 38).

§ 2. *Droit de rétention du cohéritier* (A. 867). — Le cohéritier qui fait en nature le rapport d'un immeuble peut en retenir la possession jusqu'au remboursement effectif des sommes qui lui sont dues pour impenses ou améliorations. Il y a là un droit de rétention très explicite que consacraient du reste, avec des différences légères, la coutume de Paris et la coutume d'Orléans. Ces différences, les voici : Le donataire, à qui l'on refusait le remboursement de sa créance, pouvait estimer l'immeuble et payer à ses cohéritiers l'estimation, déduction faite de ses dépenses. En un mot, il remplaçait le rapport en nature par le rapport en moins prenant. Mais s'il rapportait l'immeuble sans déduire les sommes dépensées, il perdait le droit de les réclamer..... Aujourd'hui le rapport en moins prenant n'est plus permis, et dans le deuxième cas, le donataire ne perdrait que le droit de rétention, mais non sa créance.

Quant aux impenses que le cohéritier donataire a le droit de répéter, il est évident que ce ne sont ni les impenses voluptuaires, ni les dépenses d'entretien, mais seulement les dépenses nécessaires dans leur intégrité, et les dépenses utiles jusqu'à concurrence de la plus-value qu'elles ont procuré à l'immeuble, *pourvu que cette plus-value existe encore au moment du partage.* (A. 861). L'équité exigerait qu'on considérât le moment de l'ouverture de la succession, mais l'article 861 est formel. Nous inclinons cependant à penser qu'il y a là une erreur de rédaction. L'examen des

7

travaux préparatoires, où l'on fait remarquer l'inconvénient qu'il y aurait à décider comme notre ancien droit, prouve bien que l'intention du législateur était de modifier l'article 861, dans le sens de la modification déjà faite à l'article 860 où l'on trouve ces mots : » A l'ouverture de la succession. » Un oubli seul a pu laisser subsister cette disposition inique.

Le cohéritier qui retient l'immeuble, n'ayant pas la possession civile de bonne foi, devra rendre compte des fruits perçus depuis l'ouverture de la succession.

§ 3. *Rétention du spécificateur.* (A. 570). — Il résulte de cet article qu'un artisan, qui a employé à former une nouvelle chose une matière dont il n'était pas propriétaire, a le droit de retenir cette matière, qui maintenant constitue l'objet spécifié, jusqu'à ce qu'il ait reçu une indemnité du propriétaire de la matière.

§ 4. *De la rétention dans le contrat de vente.* (A. 1612). — Le vendeur est autorisé à retenir la chose vendue tant que l'acheteur n'a pas payé le prix si la vente a été faite au comptant, c'est-à-dire, si un délai n'a pas été accordé pour le paiement. Si, au contraire, la vente a été faite à terme, la Loi présume que le vendeur, ayant suivi la foi de l'acheteur, a fait abandon de son droit de rétention. Cependant, dans ce dernier cas, le vendeur pourrait encore se refuser à la délivrance, si l'acheteur était tombé en déconfiture ou en faillite. (A. 1613) La faillite a pour effet d'enlever le bénéfice du terme. (1188) Cela est juste, l'une des parties se trouvant dans l'impossibilité d'accomplir les obligations nées du contrat de vente. Remarquons bien que dans le cas de l'article 1613, la rétention n'est permise qu'à cause de l'imminence du péril, tandis qu'elle est accordée sans condition dans l'article 1612. — Dans les deux cas, elle est un moyen offert au vendeur de ne pas perdre la chose et le prix.

La règle de l'article 1613 se trouve reproduite dans le Code de commerce, dont l'article 577 est ainsi conçu : « Pourront être retenues par le vendeur les marchandises par lui vendues, qui ne seront pas délivrées au failli, ou qui n'auront pas été encore expédiées, soit à lui, soit à un tiers, pour son compte. » C'est surtout dans le cas présent qu'on aperçoit l'utilité du droit de rétention réel, c'est-à-dire opposable aux ayants-cause de l'acheteur, comme à l'acheteur lui-même. Supposons qu'une chose mobilière ait été vendue : l'article 550 du Code de commerce refuse au vendeur tout privilège et tout droit de revendication en cas de faillite de l'acheteur. Quel secours lui resterait-il si on ne lui accordait pas le droit de rétention et si ce droit n'avait pas un caractère de réalité ?

En combinant l'article 1707 avec les articles 1612 et 1617, il résulte que le droit de rétention du coéchangiste est identique à celui du vendeur.

§. 5. *Droit de rétention de l'acheteur à réméré.* (A. 1673.) — Le vendeur qui use du pacte de rachat doit rembourser à l'acheteur :

1° Le prix de vente;
2° Les frais et loyaux coûts du contrat;
3° Les impenses nécessaires ;
4° Les impenses utiles jusqu'à concurrence de la plus

value donnée à l'immeuble. Tant qu'il n'a pas effectué la totalité de ces remboursements, l'acheteur a le droit de retenir l'immeuble.

L'acheteur à réméré pourra-t-il se prévaloir du droit de rétention contre le créancier hypothécaire du vendeur, pour se faire rembourser les frais et le prix ? Il faut faire une distinction : Si le créancier qui se présente avait une hypothèque inscrite antérieurement à la vente, il aurait le droit de suivre l'immeuble qui lui est affecté en quelques mains qu'il se trouve, et n'aurait à payer ni le prix ni les loyaux coûts. Les impenses d'amélioration jusqu'à concurrence de la plus value seraient seules à sa charge. Si au contraire, il s'agissait d'un créancier hypothécaire postérieur à l'acte de vente, l'acheteur à réméré aurait le droit de rétention aussi bien pour la restitution du prix, etc... que pour la répétition de la plus-value résultant des améliorations. Cela se conçoit : l'hypothèque postérieure à l'acte de vente est nécessairement subordonnée à la condition du rachat. Donc, à bien examiner la question, nous appliquons ici, non les principes du droit de rétention, mais ceux du régime hypothécaire. L'acheteur à réméré exerce en retenant l'immeuble un véritable droit de propriété, il est véritablement propriétaire, sous la condition résolutoire que le remboursement aura lieu.

Si l'acheteur à réméré rendait l'immeuble avant d'avoir été remboursé du prix, aurait-il un privilège sur cet immeuble ? Non. Nous ne pouvons ici accorder à l'acheteur à réméré le privilège ordinaire du vendeur, car il n'y a pas vente nouvelle, mais simplement résolution de la première.

§ 6. *Droit de rétention du fermier*. (A. 1749). — Quand
le bailleur vend la chose louée, il peut expulser le fermier.
Le nouvel acquéreur le peut aussi. Alors le premier ren-
voyé a droit à des indemnités. Pour en connaître le *quan-
tùm*, il suffit de lire les articles 1745 à 1748. — Nous avons
déjà parlé de l'article 1749 à propos de la réalité du droit
de rétention. Nous avons vu qu'il était assez embarrassant
pour les partisans de la personnalité de ce droit. Il est
évident que l'acquéreur est un tiers et que la Loi permet
cependant au fermier de lui opposer le droit de rétention.
Jusqu'au paiement intégral de l'indemnité due, le fermier
pourra empêcher l'acquéreur d'entrer en possession. N'oublions pas cependant qu'il est nécessaire, pour que le droit
de rétention puisse avoir lieu, que le bail ait date certaine.
Les antidates et les baux supposés seraient à craindre
sans l'existence de cette condition.

Le domanier, dans le bail à domaine congéable, chassé
par le bailleur qui s'est réservé le droit de reprendre la
propriété de la superficie, a droit à une indemnité. La loi
du 7 juin 1791 lui accorde comme garantie de paiement le
droit de rétention.

§ 7. *Droit de rétention dans le contrat de dépôt*. —
Nous avons eu déjà l'occasion de parler du contrat de dépôt. Nous avons dit que par sa nature même, il repoussait
l'idée que le dépositaire pût, à raison d'une créance quelconque contre le déposant, user du droit de rétention.
Aussi la Loi avait-elle besoin de s'expliquer d'une façon
formelle sur ce point. Elle l'a fait. Le droit de rétention
est accordé au dépositaire, jusqu'à l'entier acquittement de

ce qui lui est dû à raison du dépôt, (A. 1948), c'est-à-dire les dommages et pertes que le dépôt a pu lui occasionner et les dépenses nécessitées par la conservation de la chose, et nous ajoutons les dépenses utiles, quoique l'on ait voulu rendre la question douteuse. En effet, les termes de l'article 1948 : Ce qui est dû à raison du dépôt • ne distinguent point. Les dépenses utiles sont nées à l'occasion du dépôt, donc elles sont comprises dans l'article 1948.

A Rome, sous Justinien, le dépositaire n'avait pour se faire rembourser que l'action *Depositi contraria*, et ne pouvait différer l'exercice de l'action intentée contre lui. Sous notre ancien droit, la rétention n'était accordée que pour le recouvrement des frais de conservation faits sur la chose. (Pothier).

Le Code a été plus loin et comme nous venons de le voir, l'accorde pour tout ce qui peut être dû, à raison du dépôt.

Le droit de rétention du dépositaire est assurément un droit réel. Il constitue une sûreté contre le risque de l'insolvabilité du débiteur. Sinon, à quoi servirait l'article 1948 ? Non seulement, le déposant pourrait aliéner la chose retenue et la faire enlever ainsi au dépositaire, qui ne pourrait refuser de la livrer à l'acquéreur, mais tous les créanciers du déposant viendraient soit concourir sur la chose saisie, soit, s'ils lui étaient préférables, exclure ce dépositaire insuffisamment protégé.

§ 8. *Droit de rétention de l'acheteur d'un objet mobilier volé ou perdu.* (A. 2280). — Nous nous contentons de reproduire l'article. « Si le possesseur actuel de la chose volée ou perdue l'a achetée dans une foire ou dans un marché, ou dans une vente publique, ou d'un marchand vendant des choses pareilles, le propriétaire originaire ne peut se la faire rendre, qu'en remboursant au possesseur le prix qu'elle lui a coûté. » Il y a là un droit de rétention formel.

§ 9. *Rétention des articles 93 et 94 du Code de commerce. — Rétention de l'article 306 du même Code.* — Ce n'est que pour mention que nous indiquons les articles 93 et 94. Un gage est constitué en faveur du commissionnaire et c'est de ce gage que découle, pour lui, le droit de rétention sur les marchandises mises entre ses mains. Mais, si les marchandises ont été livrées, il est clair que c'est pour le compte du commettant. Or, la Loi permet, dans ce cas, au commissionnaire de se rembourser ses avances sur le produit de la vente. Ce droit est contraire aux règles de la rétention, puisque la rétention ne peut plus avoir lieu après le dessaisissement et ne s'exerce jamais que sur l'objet, non sur sa valeur.

De même, l'article 306 accorde un droit de rétention qui paraît bizarre au premier abord. Ce n'est plus le créancier qui est le rétenteur. L'objet sur lequel notre droit va s'exercer sera placé, aux termes de la Loi, en mains tierces, jusqu'au paiement du fret. Le capitaine seul pourra autoriser la remise de l'objet retenu. Nous sommes ici en présence d'un droit de rétention réglementé d'une manière spéciale.

§ 10. *Rétention des articles 657 et 851 du Code de procédure.* — Voici les textes : « Faute par le saisi et les créanciers de s'accorder dans le dit délai, l'officier qui aura fait la vente sera tenu de consigner dans la huitaine suivante, et à la charge de toutes les oppositions, le montant de la vente, déduction faite de ses frais, d'après la taxe.

« Si les frais et déboursés de la minute de l'acte sont dus au dépositaire, il pourra refuser expédition tant qu'il ne sera pas payé des dits frais, outre ceux d'expédition.

« L'avoué a le droit de retenir les pièces de procédure jusqu'à ce qu'il soit payé, ou plutôt remboursé de ses avances ; mais il ne peut les retenir jusqu'au paiement des honoraires, car cette dette n'est plus relative à la chose. »

Nous avons ainsi passé en revue, à peu près, tous les cas où le droit de rétention est formellement accordé par la Loi. Voyons maintenant les cas pour lesquels il nous sera possible de l'admettre par extension. Dans un troisième chapitre, nous parlerons du droit de rétention conventionnel.

II.

Examen des cas où le Droit de Rétention n'est pas expressément reconnu par la Loi, mais où nous l'admettons par extension.

§ 1. L'article 548 décide que « les fruits produits par la chose n'appartiennent au propriétaire qu'à la charge de

rembourser les frais des labours, travaux et semences faits
par des tiers » Ce qui veut dire : Les tiers pourront retenir les fruits jusqu'à l'entier paiement de ce qui leur est
dû. — Il est bien entendu que nous nous plaçons dans
l'hypothèse où les fruits n'ont pas encore été perçus par
le tiers, car l'article 549 devrait être appliqué dans ce cas.
La question serait de savoir si le tiers est possesseur de
bonne ou de mauvaise foi. De bonne foi, la rétention lui
est inutile, puisqu'il a fait les fruits siens par la perception.
De mauvaise foi, elle lui serait d'un grand secours, car
notre opinion est qu'il pourrait l'opposer au propriétaire.
C'est ce que nous allons voir en étudiant la rétention du
possesseur de l'immeuble d'autrui.

§ 2. *Des possesseurs de bonne et de mauvaise foi.* —
L'immeuble d'autrui se trouve entre les mains d'un tiers.
Le propriétaire revendique sa propriété. *Quid* des dépenses faites par le possesseur ? Le droit de rétention lui est-
il accordé comme garantie de l'indemnité qui lui est dùe?
— Il faut distinguer entre le possesseur de bonne et de
de mauvaise foi.

Le possesseur de bonne foi a le droit de conserver l'immeuble jusqu'à l'entier paiement des dépenses nécessaires
et utiles par lui faites. La jurisprudence et presque tous
les auteurs sont d'accord sur ce point. Les dépenses nécessaires sont celles sans lesquelles la chose se serait détériorée ou perdue. Il est évident que le propriétaire ne peut
se refuser à les rembourser. Quant aux dépenses seulement utiles, qui ont donné à la chose une plus value, mais
qui n'étaient pas indispensables à sa conservation, le pro-

priétaire ne les paiera que jusqu'à concurrence de la plus
value. Il se peut donc que le possesseur de bonne foi soit
en perte ; il arrive souvent, en effet, que les frais d'une
construction faite sur un fonds n'augmentent pas la valeur
du fonds proportionnellement. — Les dépenses voluptuaires ne donnent aucune créance au possesseur.

Qu'on ne trouve pas étonnant que le possesseur de
bonne foi ait droit d'opérer la rétention pour ses dépenses nécessaire et même utiles.

Ce droit, il l'a toujours eu, en droit romain comme en
droit français. En droit romain, il pouvait s'en prévaloir
pour ses dépenses de conservation et d'amélioration. Dans
notre ancien droit, nous trouvons ce texte de Pothier : « A
l'égard du possesseur de bonne foi, le propriétaire sur l'action en revendication ne peut obliger ce possesseur à lui
délaisser la chose revendiquée, s'il ne le rembourse au
préalable des impenses qu'il a faites, quoique ces impenses ne fussent pas nécessaires et aient augmenté seulement la chose revendiquée, et l'aient rendue d'un plus
grand prix. »

Il ne peut pas être question de faire compenser par le
possesseur de bonne foi les fruits qu'il a cueillis avec les
dépenses qu'il a faites. En raison de sa bonne foi, il a acquis ces fruits, ils ont été faits siens, il a eu le droit de les
consommer ; le propriétaire ne peut les lui réclamer.

Supposons maintenant, le cas peut se présenter, que le
propriétaire ne soit pas assez riche pour supporter la
charge que lui impose une plus-value à payer. Il est dans
l'impossibilité de s'acquitter vis-à-vis du possesseur de
bonne foi. Va-t-il être perpétuellement privé de sa pro-

priété ? Quelle injustice nous consacrerions ! Pourquoi, dans ce cas, le propriétaire ne consentirait-il pas à une hypothèque? C'est un moyen pour lui de jouir et de se libérer.

Quoi qu'il en soit, nous concluons à la sagesse de ce droit de rétention accordé au possesseur de bonne foi. Nous disons qu'il existe, et nous suivons en le disant, les traditions historiques. En second lieu, nous rencontrons ici réunies toutes les conditions nécessaires à l'existence de ce droit; possession par autrui de l'objet revendiqué, créance du possesseur contre le revendiquant, connexité entre la chose possédée et la créance. Nous appliquons les principes, voilà tout. — Nous pourrions ajouter que ne pas admettre dans notre cas le droit de rétention, ce serait introduire dans la doctrine une contradiction évidente. L'article 2102, § 2, accorde le droit de rétention au possesseur d'un objet mobilier comme garantie du remboursement des frais qu'il a faits pour le conserver. Pourquoi ne l'accorderait-on pas de même au possesseur d'un immeuble? Il faut avouer que nous consacrerions de la sorte une étrange anomalie !

Passons maintenant au possesseur de mauvaise foi.

En droit romain, on lui reconnaissait le droit de rétention pour les dépenses de conservation.

En effet, si ces dépenses n'avaient pas été faites, le propriétaire se trouverait entièrement privé de sa chose. Il n'a donc pas à se plaindre.

Mais on le lui refusait pour les dépenses d'amélioration. Le possesseur de mauvaise foi, disait-on, est censé avoir voulu faire une donation au propriétaire. Il faut avouer que

c'est là une étrange supposition. Plus tard, des constitu-
tions impériales décidèrent avec raison que cette supposition devait résulter des circonstances, mais qu'elle n'était
plus légalement admissible.

En droit français, il y a controverse. Les uns refusent
la rétention, d'autres l'admettent avec la distinction qui
précède. Quant à nous, il nous semble qu'au point de vue
de la concession du droit lui-même, il n'y a pas de différence entre le possesseur de bonne et de mauvaise foi.
L'injustice des prétentions du propriétaire est-elle moins
grande parce que je suis de mauvaise foi ? Non, évidemment. Ma mauvaise foi fait-elle que le bien qu'on me réclame n'ait pas augmenté de valeur ? Pourquoi le propriétaire s'enrichirait-il à mes dépens ? Il n'y a pas de traces
qu'on ait voulu édicter une pénalité contre le possesseur
de mauvaise foi en lui refusant le droit de rétention. J'ai
le droit de conserver entre mes mains la chose qui m'est
réclamée et que j'ai améliorée. Une indemnité m'est certainement due. Telle est, nous le croyons, la véritable pen-
sée du Code.

Mais, dira-t-on, vous traitez le possesseur de mauvaise
foi avec une si grande indulgence qu'il est complétement
assimilé au possesseur de bonne foi.

Non ; car voici deux différences bien caractéristiques :
Le possesseur de bonne foi ne pourra jamais être forcé d'enlever les ouvrages qu'il aura exécutés. Son droit à l'indemnité subsistera donc jusqu'au paiement intégral, et jusqu'à
ce paiement, il pourra se prévaloir du droit de rétention.

Le possesseur de mauvaise foi pourra être obligé de
démolir ses constructions, si le propriétaire l'exige. C'est ce

qui arrivera si, par exemple, ce dernier n'est pas assez riche pour payer une indemnité. Alors, sur quoi fondera-t-il son droit de rétention? Rien ne lui est dû.

Si le propriétaire veut profiter des améliorations, il ne pourra entrer en jouissance qu'après les avoir payées. Seulement, et voici la seconde différence, le possesseur de mauvaise foi devra compenser l'indemnité qui lui est dûe avec les fruits qu'il a perçus, et si la possession a été longue, si l'immeuble produisait un revenu considérable, il pourra se faire que le propriétaire n'ait rien à payer pour rentrer en possession de son immeuble amélioré. En effet, nous le savons, le possesseur de mauvaise foi, ne fait pas les fruits siens par la perception. (A. 549)

Nous apportons, cependant, un tempérament à notre système. Nous pensons, avec M. Demolombe, qu'il faut accorder au juge en cette matière un grand pouvoir discrétionnaire, en lui permettant « d'ordonner que le possesseur délaissera l'immeuble, même avant d'avoir reçu le paiement de ses indemnités, et d'accorder des délais au propriétaire eu égard à toutes les circonstances de fait. »

D'un autre côté, nos adversaires refusent le droit de rétention, mais font aussi une concession. Ils la basent sur l'article 1244 et disent que si le véritable propriétaire n'est pas solvable, les tribunaux pourront permettre au possesseur de garder la chose jusqu'au paiement.

D'où il suit que, dans la pratique, les deux théories aboutissent au même résultat. Ceux qui admettent le droit de rétention concèdent que les tribunaux pourront faire rendre la possession ; ceux qui la refusent accordent qu'on pourra permettre au possesseur d'en bénéficier.

§ 3 *Rétention de l'usufruitier.* — L'usufruitier a un droit de rétention pour les dépenses qu'il a faites sur la chose dont il jouit. Nous verrons, tout à l'heure, de quelles dépenses il s'agit.

Pour nous, il n'est pas douteux que le droit de rétention doive être accordé. Nous trouvons toutes les conditions que nous avons admises comme nécessaires. L'usufruitier détient la propriété d'autrui. Une dette est née à la charge du propriétaire. Cette dette est relative à l'objet détenu. Evidemment, il n'y a pas eu contrat passé obligeant l'usufruitier à faire ces dépenses, mais, quant aux grosses réparations, le propriétaire était tenu de s'en charger, à moins qu'on ne considère les grosses réparations comme de simples améliorations, ce qui serait au moins étrange. Le propriétaire est débiteur d'une indemnité, l'usufruitier est débiteur du fonds. Tous deux sont donc débiteurs à cause de la convention d'usufruit, et je trouve une même origine aux deux dettes.

Du reste, si la discussion est possible sur le point de savoir si le propriétaire est obligé ou non à faire les grosses réparations, le droit de rétention devra toujours être admis pour le remboursement du capital des charges imposées sur la propriété pendant la durée de l'usufruit.

Mais, nous croyons que les constructions ne peuvent être comprises dans les améliorations et doivent être remboursées à l'usufruitier. Nul, en effet, ne doit s'enrichir aux dépens d'autrui. Cependant, comme l'usufruitier constructeur est nécessairement de mauvaise foi, le nu-propriétaire aura le choix de faire enlever les matériaux, ou de conserver les constructions en payant une indemnité. (A. 555.)

§ 4. *Droit de rétention du commodataire.* — On lit dans
M. Laurent : « Il serait odieux que le commodataire, qui
reçoit un service, pût retenir la chose et en priver celui qui
l'a gratifié, pour transformer le prêt en gage. » D'où il
résulte que M. Laurent après avoir nié l'efficacité des principes d'équité en matière de rétention, appelle l'équité à
son secours dès qu'elle peut lui servir. Quant à nous, nous
ne nous occupons que d'un seul point ; les conditions nécessaires à l'exercice du droit de rétention se trouvent-
elles accumulées dans notre cas ? Oui. Donc nous l'accordons. Que dis-je ! Le nombre de nos adversaires décroît
sur le point qui nous occupe. En effet, nous rencontrons
dans le commodat jusqu'à la condition exigée par le système de MM. Aubry et Rau. Un contrat existe entre le possesseur et le propriétaire.

« L'application de notre théorie, ajoute M. Laurent, ne
prouve pas en faveur du principe dont elle découle. » C'est
là une raison de sentiment. De tout temps, à Rome, dans
notre ancienne jurisprudence, le droit de rétention était
admis en cette matière. Pourquoi ne l'admettrions-nous
pas sous l'empire de notre Code, puisque toutes les conditions voulues pour sa mise en action se rencontrent ici ?
Qu'on ne vienne pas nous dire : « Dans l'ancienne législation, le dépositaire et l'emprunteur avaient un droit de rétention, or, le législateur actuel l'accorde expressément au
dépositaire et passe l'emprunteur sous silence, donc il le
refuse à ce dernier ! » Nous répondrions : « Le droit romain était indécis sur le point de savoir s'il devait accorder le droit de rétention au dépositaire ; notre ancienne
législation était moins favorable au dépositaire que la légis-

lation actuelle, et cependant celle-ci le lui accorde; pourquoi le refuserait-elle au commodataire contre lequel ces hésitations ne s'étaient pas produites ! Pourquoi, puisqu'il y a anologie entre les deux espèces ? »

On va nous demander ce que nous faisons de l'article 1885. Nous le croyons inutile. Il s'exprime ainsi : « L'emprunteur ne peut pas retenir la chose par compensation de ce que le prêteur lui doit. » En ce cas, personne n'aurait pu songer à demander le droit de rétention ! Personne ne dit que le commodataire pourrait retenir l'objet à titre de nantissement pour une obligation quelconque contractée envers lui par le prêteur. Nous savons que la connexité entre les dettes et les créances est essentielle à l'existence de notre droit. · L'article 1885 n'a pu avoir pour objet que de retirer à l'emprunteur le droit de conserver la chose à titre de gage, dans le cas où il se trouverait créancier à un titre quelconque, mais il ne lui enlève pas le droit de rétention pour les créances nées à l'occasion de la chose prêtée. (Rony). P. 132. »

D'ailleurs, pour en revenir à l'équité, n'y aurait-il pas injustice à refuser le droit de rétention au commodataire ? N'y a-t-il pas dol de la part du commodant à réclamer sa chose, sans offrir au commodataire le remboursement des dépenses qu'il a faites pour sa conservation ou son amélioration ?

Nous concluons donc que le commodataire a le droit de rétention pour se faire indemniser :

1° Des dépenses nécessaires ou utiles auxquelles le prêteur a donné son autorisation.

2° Des dépenses urgentes et nécessaires faites sans son consentement.

3° Des préjudices que lui ont causé les défauts de la chose, si le prêteur ne les lui avait pas divulgués.

§ 5. *Rétention du mandataire, du gérant d'affaires, etc. etc.* — I « Le mandant doit rembourser au mandataire les avances et frais que celui-ci a faits pour l'exécution du mandat » (A. 1999.) « Il doit l'indemniser des pertes que celui-ci a éprouvées à l'occasion de sa gestion, sans imprudence qui lui soit imputable. » Comme garantie du remboursement de ces créances, le mandataire a un droit de rétention qu'il exerce sur les biens, à l'occasion desquels ses créances sont nées, mais non à propos de son salaire, s'il lui en a été promis, car la créance ne serait plus connexe avec l'objet de la rétention.

Ces principes ont été consacrés par la doctrine et la jurisprudence. On trouve cependant un arrêt formel de la Cour de Bordeaux qui refuse le droit de rétention au mandataire.

Il est clair que ce sont les corps certains seulement, qui seront susceptibles d'être retenus. Ils ne se compensent pas comme les sommes d'argent.

Nous appliquons aux tuteurs, mandataires légaux, les mêmes principes qu'aux mandataires contractuels ; et à celui qui gère l'affaire d'autrui sans mandat, pourvu qu'il l'ait bien administrée, (A. 1375) nous donnons le même droit qu'au véritable mandataire. Ainsi le communiste, le cohéritier jouiront du droit de rétention.

II. « Si un artisan, ou une personne quelconque, a employé une matière qui ne lui appartenait pas, à former une chose d'une nouvelle espèce... celui qui en était le proprié-

6

taire a le droit de réclamer la chose qui en a été formée, en remboursant le prix de la main d'œuvre. » (A. 570.) Le droit de rétention existera donc dans les cas d'adjonction, de mélange, de spécification en faveur de celle des parties qui aura incorporé son travail à la matière d'autrui, contre celle qui aura le droit de réclamer la totalité de l'objet. L'ouvrier, en un mot, pourra retenir les objets façonnés ou réparés, jusqu'au paiement de ses salaires. Cela découle des principes que nous avons posés au chapitre des conditions requises pour l'existence du droit de rétention.

Quant à l'article 2102, nous croyons malgré une décision contraire de la Cour de Colmar, malgré l'interprétation de la Cour de Rouen, (1) qu'il accorde à l'ouvrier un privilège sur la chose mobilière qu'il a *conservée*, mais seulement pour ce fait. En effet, la matière des privilèges est de stricte interprétation, et ce serait faire la loi que d'en attribuer un à l'ouvrier qui aurait simplement *amélioré* la chose. Mais, de ce que nous refusions un privilège, suit-il que nous devions aussi refuser le droit de rétention pour améliorations? Cette solution contraire à l'équité d'abord, aurait de plus l'inconvénient de n'être pas en harmonie avec celle que nous avons donnée pour l'article 670. La main d'œuvre existe aussi bien pour les frais d'amélioration que pour les frais de conservation. — Nous avons démontré que le droit de rétention n'est pas un privilège, nous pouvons donc l'accorder sans être contraire à l'article 2102. Peu nous importe, puisque nous appliquons logiquement nos principes, qu'en concédant la rétention, nous aboutissions à favoriser l'ouvrier plus peut-être qu'en

(1) Rouen, 9 Juin 1826. (Dalloz, au mot rétention, n° 18).

le laissant user du privilège; c'est loin d'être un privilège que nous lui accordons. La loi n'est violée ni dans son texte, ni dans son esprit (1).

III. L'acquéreur évincé a le droit de rétention pour assurer le remboursement de l'indemnité qui lui est due à raison des réparations utiles et nécessaires qu'il a faites. C'est la conséquence de l'article 1634. Le vendeur devra rembourser ou faire rembourser.

Nous ne donnons pas la même solution pour le cas de l'article 1635, au moins en ce que les dépenses voluptuaires dont il y est question ne nous semblent pas légitimer l'obtention du droit de rétention pour l'acquéreur évincé. Celui ci aura une action personnelle à intenter contre le vendeur de mauvaise foi, mais il ne pourra retenir la chose jusqu'au paiement des dépenses dont il s'agit. En effet, le propriétaire ne profiterait pas de ces dépenses, et il serait injuste de l'empêcher à cause d'elles de rentrer dans ses droits.

De l'article 1614 nous déduisons : que le vendeur, qui n'a pas encore fait la délivrance, peut la retarder jusqu'au remboursement des frais faits pour la conservation de l'objet, depuis le moment de la vente. — Nous croyons enfin, qu'on peut autoriser l'acheteur à demeurer en possession jusqu'au paiement de ses impenses, lorsque sans qu'il y ait faute, ni dol de sa part, la vente a été résolue pour inexécution des conditions.

§ 6. *Rétention du mari sur les biens de la femme, sous le régime dotal.* — Avant de traiter la question si impor-

(1) Laurent *contrà*.

tante des immeubles dotaux, disons un mot sur les paraphernaux. Nous le savons, ce sont des biens qui ne font
pas partie de la dot de la femme et dont elle a l'administration. Le mari aura-t-il le droit de rétention pour le recouvrement des impenses faites sur ses biens? La question est
délicate; il faut faire une distinction. Le mari est-il ou non
autorisé par la femme à administrer les paraphernaux?
Dans le premier cas, il est dans la position d'un mandataire,
donc il a le droit de rétention, nous l'avons admis. En sa
qualité de mandataire, il pourra se faire rembourser les
dépenses nécessaires, et même la plus-value résultant des
améliorations. Mais, comme il est en même temps usufruitier, il ne pourra prétendre à une indemnité pour les dépenses voluptuaires ou pour les dépenses d'entretien. Il a
fait les fruits siens et ces sortes de dépenses sont la charge
des fruits. — Dans le second cas, le mari administre, non-
seulement sans l'autorisation de sa femme, mais encore
contre sa volonté. Il se trouve exactement dans la position
d'un possesseur de mauvaise foi; on doit le traiter comme
tel. Or, selon nous, le possesseur de mauvaise foi peut
invoquer le droit de rétention. Il le peut, non-seulement
pour les dépenses nécessaires et utiles, mais même pour
les dépenses d'entretien.

En effet, obligé de restituer les fruits, il n'est plus indemnisé par eux. Ce n'est donc pas une iniquité que nous
consacrons, comme on pourrait le croire tout d'abord. —
Le droit de rétention du mari, dans nos deux espèces, est
fondé sur ce que les immeubles paraphernaux ne sont pas
inaliénables. Cependant, pour les immeubles dotaux qui le
sont, nous allons adopter une solution qui semblera con-

traire. Ce sera dans le cas où un immeuble dotal ayant été aliéné, la question se pose de savoir si l'acheteur aura le droit de retenir l'immeuble jusqu'au remboursement du prix, des dépenses nécessaires et des dépenses utiles. Ici, nous repoussons le système qui, sans aucune distinction. prétend que les objets inaliénables échappant au droit de rétention, l'immeuble dotal ne peut, en aucun cas et pour aucune dépense faite à son occasion, être retenu. Nous le repoussons, mais en faisant une distinction. Nous croyons que le droit de rétention ne saurait être invoqué pour le remboursement du prix et des dépenses utiles. mais qu'il peut l'être pour le recouvrement des dépenses nécessaires. Notre décision est fondée. En effet, la dotalité l'emporte sur la rétention. L'acquéreur, qui jouirait de notre droit, annulerait indirectement la faculté de révocation, et l'inaliénabilité du fonds total deviendrait un vain mot. L'intérêt de la femme serait lésé puisque son bien serait frappé d'une charge réelle. Mais, répond-on, ne le sera-t-il pas, si vous accordez le droit de rétention pour les impenses nécessaires? En apparence, oui. En réalité, non. Ces impenses, la femme n'aurait-elle pas été obligée de les faire elle-même? Si son bien existe encore, à quoi le doit-elle? A la vigilance de l'acquéreur qui a évité le dépérissement total de l'immeuble, l'écroulement de la maison! De quoi donc aurait-elle à se plaindre. Elle ne perd rien. L'acquéreur sera remboursé, c'est vrai, mais il sera puni d'avoir acheté un fonds qu'il savait inaliénable, car il aura travaillé à le conserver pour la femme. Du reste, pourquoi n'accorderions-nous pas le droit de rétention dans ce cas, puisque l'article 1588 autorise l'aliénation quand il y a de grosses réparations à faire. L'immeuble perd alors son caractère de dotalité.

Pour recouvrer les dépenses utiles et le prix, il reste à l'acquéreur une action personnelle sur les biens du mari. Nous décidons de même pour les simples dépenses d'amélioration. La femme n'a pas à les lui rembourser. Il est coupable d'avoir acheté, imprudent d'avoir grossi des frais qu'il serait injuste de faire supporter à la femme. On ignore si elle les aurait faits elle-même. Si le mari devient insolvable, tant pis pour l'acquéreur !

Donc, la question est claire. Trois systèmes divisent les auteurs ; le premier, refuse le droit de rétention complétement à cause de l'inaliénabilité du fonds dotal, le second l'accorde jusqu'au paiement de la créance entière, le troisième ne le concède que pour le remboursement des dépenses nécessaires. C'est ce dernier que nous adoptons.

Que décider en cette matière relativement à l'article 1564? « Si la dot consiste en immeubles — ou en meubles non estimés par le contrat de mariage, ou bien mis à prix, avec déclaration que l'estimation n'en ôte pas la propriété à la femme, — le mari ou ses héritiers peuvent être contraints de la restituer sans délai, après la dissolution du mariage. Or, dans notre hypothèse, le mariage a cessé. Pourquoi refuserions-nous le droit de rétention au mari? Il se trouve dans le cas où nos principes l'accordent toujours. Il a amélioré la chose. Il y a mauvaise foi de la part de la femme séparée ou de ses héritiers à la réclamer sans offrir une indemnité. Il serait contraire à l'équité de n'accorder au mari qu'une action personnelle, impuissante contre l'insolvabilité de ses débiteurs si la chose avait été aliénée. —

Beaucoup d'auteurs et le droit romain lui-même sont contraires à notre solution. (1)

§ 7. *Du droit de rétention du tiers détenteur d'un immeuble hypothéqué.* — L'article 2175 accorde formellement au tiers détenteur d'un immeuble hypothéqué, le droit de répéter ses impenses jusqu'à concurrence de la plus-value qu'il a créée.

Le droit romain donnait au tiers détenteur le droit de rétention. (L. 29, § 2, de pign, et hyp.).

Notre ancienne jurisprudence lui accorda un privilège et permit au tiers détenteur de venir sur le prix de l'immeuble avant les créanciers hypothécaires. Pothier et Loyseau ne laissent pas de doutes sur ce point.

Quel est l'état actuel de notre législation? Le tiers-détenteur exercera-t-il la répétition de ses impenses par une simple action personnelle? Se fera-t-il colloquer à l'ordre par privilège, après la vente de l'héritage? Jouira-t-il contre les créanciers hypothécaires d'une action *de in rem verso*, qu'il pourra exercer dans l'ordre par voie de distraction d'une partie du prix? Ou enfin, aura-t-il, comme à Rome, le droit de rétention?

Chacun de ces systèmes a ses partisans.

Le premier, avons-nous dit, prétend que le tiers détenteur n'a qu'une créance ordinaire pour le remboursement de ses impenses. Il lui refuse et privilège et droit de rétention, car la Loi n'accorde ni l'un, ni l'autre. C'est le créancier hypothécaire qui est devenu débiteur du tiers détenteur. L'article 2175 règle les rapports qui existent

(1) L. 8 au Code. De rei uxioriæ actione.

entr'eux comme l'article 1634 règle ceux existant entre l'acquéreur et le vendeur. Donc le tiers détenteur, créancier des créanciers hypothécaires, peut en vertu de l'article 1166 prétendre à un droit réel sur l'immeuble, en exerçant les droits et actions de ces derniers. Il fera donc une saisie-arrêt entre les mains de l'adjudicataire jusqu'à concurrence de la plus-value, origine de sa créance, et rentrera dans ses déboursés. Ce système, très juridique, ne nous paraît pas admissible, car il ne protège pas suffisamment le tiers-détenteur. Supposons que les créanciers hypothécaires soient en même temps débiteurs de nombreux créanciers. Le tiers-détenteur ne viendra pas seul sur le prix de vente. Le prix saisi devra être partagé au marc le franc entre lui et les autres créanciers saisissants ; il se peut donc que le tiers-détenteur ne soit pas totalement indemnisé ; la garantie est insuffisante.

Le deuxième système accorde au tiers-détenteur le privilège que lui reconnaissait notre ancienne jurisprudence, *rien ne faisant présumer* que cette ancienne jurisprudence ait été abandonnée par les rédacteurs du Code. C'est celui de Troplong. « *Il est évident*, ajoute-t'-il, qu'en donnant au tiers-détenteur une répétition pour sa plus-value, au moment où l'immeuble va être vendu et le prix distribué, la Loi a entendu lui conférer un droit de préférence sur ce prix. »

M. Laurent s'élève avec raison contre le ton de certitude avec lequel Troplong professe ce système, et après l'avoir raillé sur les mots : « *Rien ne fait présumer... il est évident...* » il continue ainsi sa réfutation : « On enseigne qu'il est *évident* qu'en accordant au tiers-détenteur une action jusqu'à concurrence de la plus value, *au moment où l'immeuble va être vendu* et le prix distribué, la Loi a entendu lui conférer le droit d'exercer sa répétition sur le prix, par préférence aux créanciers hypothécaires. *Il est evident* ! Et cette prétendue évidence n'est pas même une probabilité. C'est la probabilité contraire qui est certaine. Quoi ! Les auteurs du Code avaient Pothier sous les yeux, et ils ne répètent pas ce qu'il dit, ils gardent le silence sur le privilège, et ce *silence* devient une preuve *évidente* de leur intention de maintenir le privilège ! Est-ce que les privilèges s'établissent sur l'intention du législateur ou sur des textes ? Et qui nous dit que telle ait été l'intention des auteurs du Code ? C'est, dit-on, parce qu'ils donnent au tiers-détenteur une indemnité *au moment où l'immeuble se vend* et où le prix s'en distribue. Nous demanderons à quel autre moment ils lui auraient donné ce droit ? Et est-ce le moment où un droit prend naissance qui détermine la nature de ce droit ? Troplong prévoit l'objection qu'on lui fera, le silence de la Loi. Il répond que la préférence n'avait pas besoin d'être écrite dans les textes, parce qu'elle est inhérente à la plus-value. Ainsi, il y a des privilèges tacites ! Voilà une hérésie juridique, s'il en fut jamais. » (Laurent, droit de rétention. — Mourlon, Examen critique.)

Le troisième système dit que le tiers-détenteur jouit contre les créanciers hypothécaires d'une action *de in rem verso* qu'il peut exercer dans l'ordre par voie de distraction de la partie du prix correspondante à la plus value de l'immeuble. De plus, il peut exiger l'insertion au cahier des charges d'une clause qui imposerait à l'adjudicataire, l'obligation de lui payer directement le montant de sa créance, avant d'entrer en possession. (Pont, Aubry et Rau, Duranton, Delvincourt, Toullier, Dalloz.) On invoque en faveur de ce système la brièveté. C'est aller au plus court, dit-on, qu'autoriser le tiers-détenteur à procéder par voie de prélèvement ou de distraction, puisque celui des créanciers hypothécaires qui trouverait la plus value dans son lot serait obligé de la rendre.

Nous croyons qu'il faudrait prouver d'abord que le tiers détenteur a les droits qu'on lui accorde. Sur quoi sont-ils fondés? Néanmoins ils aboutissent à donner un droit de rétention. En effet, l'insertion de la clause, dont il s'agit plus haut, au cahier des charges, fait que l'adjudicataire ne pourra obtenir le délaissement de l'immeuble, qu'à la charge de payer le détenteur. Pourquoi n'être pas plus francs ? Ne vaut-il pas mieux dire de suite qu'on admet le droit de rétention, sans passer par des inconséquences?

Quant à nous, nous le disons. C'est le quatrième système. Le tiers-détenteur a le droit de rétention.

Assurément, les motifs d'équité ne manquent pas en sa faveur. C'est un propriétaire qui fait les travaux qu'il avait certainement le droit de faire. Ces travaux, c'est certain, augmentent la valeur de l'immeuble, et vous voudriez en faire profiter les créanciers hypothécaires ! Non, le droit à l'indemnité ne suffit point. Il faut au tiers-détenteur une garantie sérieuse, et non une demi protection comme dans le premier système, ou une protection dissimulée comme dans le troisième. Cette garantie, c'est le droit de rétention. La Loi n'en parle pas, mais les principes y conduisent. Le détenteur a conservé et amélioré le fonds dont on veut l'évincer. Il y a *debitum cum re junctum*. Toutes les conditions exigibles selon nous pour jouir de ce droit étant remplies, nous ne pourrions faire dans ce cas une exception qu'en commettant une inconséquence.

Hypothèse inverse : Le tiers-détenteur a subi condamnation et délaissé l'immeuble. Jusqu'à l'adjudication, il demeure propriétaire Supposons qu'il veuille de nouveau rentrer en possession. Il est débiteur des frais d'expropriation faits par les créanciers hypothécaires. Ceux-ci auront-ils contre lui le droit de rétention ? Non, selon nous. Il suffit, pour s'en convaincre, de lire l'article 2173 où le paiement des dettes est mis sur la même ligne que le paiement des frais. Or, pour les dettes, la rétention est impossible puisque le tiers-détenteur a le pouvoir de ne les payer qu'à terme.

III

Droit de Rétention conventionnel.

§ 1. *Généralités.* — Le droit de rétention conventionnel est celui qui a pour fondement la convention des parties. On l'a désigné quelquefois sous le nom de droit de rétention qualifié. Il diffère du droit de rétention légal en ce que ce dernier a pour source l'équité. Le droit de rétention conventionnel procède et dépend de la volonté des parties; de là des conséquences importantes.

D'abord, le droit de rétention légal ayant une existence propre, ne cesse qu'avec la cause qui l'a fait naître ; le droit de rétention conventionnel cesse avec le contrat. Il lui est accessoire.

Le rétenteur légal ne peut pas revendiquer la possession de la chose litigieuse, une fois qu'il l'a perdue. Le rétenteur conventionnel peut répéter cette possession.

Le propriétaire de l'objet retenu peut, après avoir payé sa dette, agir en revendication contre le rétenteur légal. Il a de plus contre le rétenteur conventionnel une action personnelle.

La rétention des contrats de gage et d'antichrèse est conventionnelle. Nous croyons que ce caractère peut être attribué à la rétention dans d'autres contrats. Notre ancien droit admettait cette solution et il n'y a pas d'inconvénients sérieux à l'admettre dans la législation actuelle. Il serait étonnant que la Loi permit de grever un meuble ou un immeuble de droits aussi lourds que le gage et l'antichrèse, et refusât la possibilité de les soumettre à un simple droit de rétention.

Deux conditions sont nécessaires pour l'existence entre les parties du droit de rétention conventionnel : 1° Le consentement des parties ; 2° La tradition de la chose. A l'égard des tiers, il faut : 1° Que le contrat de gage ait été constaté par un acte authentique, ou par un acte sous-seing privé dûment enregistré ; 2° Que le créancier ait été mis en possession de la chose donnée en gage. Mêmes règles pour le contrat d'antichrèse. De plus, depuis la Loi de 1855, (art. 2) le contrat d'antichrèse ne produit d'effet qu'autant qu'il a été transcrit. Il faudra donc que la rétention soit transcrite pour être opposable aux tiers.

Il est inutile d'ajouter que pour grever une chose du droit de rétention conventionnel, il faut en être propriétaire et avoir la capacité d'aliéner. Cependant, si le créancier a reçu de bonne foi une chose mobilière, qui n'est ni perdue, ni volée, il aura le droit de la conserver jusqu'à ce que le véritable propriétaire lui rembourse la dette dont elle était la garantie.

§ 2. *Droit de rétention du créancier gagiste.* — L'article 2082 est ainsi conçu : « Le débiteur ne peut, à moins que le détenteur du gage n'en abuse, en réclamer la restitution qu'après avoir entièrement payé, tant en principal qu'intérêts et frais, la dette pour sûreté de laquelle le gage a été donné. — » Le droit de rétention est écrit dans ce premier alinéa, cela n'est pas douteux. On comprend aussi qu'il s'agit là d'un droit de rétention conventionnel. Le gage est exprès. La volonté des parties est clairement exprimée ; c'est en pleine connaissance de cause et non forcé par une disposition que le débiteur a donné une garantie aux créanciers.

Outre le droit de rétention, le contrat de gage confère au créancier un droit particulier appelé *jus pignoris*, destiné à assurer l'exécution de sa créance. Voici les avantages qu'il lui procure : La chose engagée venant à se vendre, le créancier a un privilège sur le prix. De plus, il peut être ordonné en justice que le gage demeurera en paiement entre les mains du créancier jusqu'à concurrence de la dette. En troisième lieu, le créancier pourra revendiquer le gage, soit contre le débiteur, soit contre un tiers détenteur.

L'article 2082 continue ainsi dans son second alinéa :
« S'il existait de la part du même débiteur, envers le
même créancier, une autre dette contractée postérieurement à la mise en gage, et devenue exigible avant le paiement de la première dette, le créancier ne pourra être
tenu de se dessaisir du gage avant d'être entièrement
payé de l'une et de l'autre dette, lors même qu'il n'y aurait eu aucune stipulation pour affecter le gage au paiement de la seconde. »

La deuxième dette, dont il est parlé dans ce second alinéa, est, elle aussi, garantie par un droit de rétention. Les
mots : « ne pourra être tenu de se dessaisir » l'indiquent
clairement. En analysant les termes de la Loi, on trouve
quatre conditions exigées dans ce cas pour que le droit de
rétention puisse exister.

1° Que le créancier soit déjà nanti d'un gage pour une
première dette ;

2° Qu'une dette nouvelle ait été contractée par le même
débiteur envers le même créancier, depuis la constitution
du gage ;

3° Que la nouvelle dette soit devenue exigible avant la
première ;

4° Que l'objet primitivement donné en gage, l'ait été
par le débiteur et non par un tiers. Observons dans le 2°
le mot *contracté*. L'article 2082 ne s'occupe pas d'une
dette née d'un quasi-contrat, d'un délit ou d'un quasi-
délit.

Toujours dans le cas du deuxième alinéa, dont l'espèce
est facile à se figurer, on se demande si la deuxième dette
est garantie par un simple droit de rétention, ou par un

véritable gage avec toutes les prérogatives qui y sont attachées, c'est-à-dire, par un *jus pignoris* comprenant un
droit de rétention et un privilège. C'est à cette dernière
opinion que nous nous arrêtons. Le créancier a plus
qu'un droit de rétention, il a un privilège. Les paroles de
M. Gary au Tribunat en font foi : « En exigeant le gage, dit-
il, le créancier a montré qu'il ne se fiait pas à la personne du débiteur, et la sûreté qu'il a prise une fois, il est
censé l'avoir conservée pour la garantie de sa seconde
créance. » Ces quelques mots renferment tous les motifs
d'équité et de logique qui nous forcent à repousser le système opposé, système qui ne s'appuie que sur le mot *dessaisir* de l'article 2082. Parce que le créancier a le droit
de rétention, cela prouve-t-il qu'il n'a pas le privilège? Le
raisonnement est étrange. Du reste, le texte vient aussi à
notre secours, et des mots : « Lors même qu'il n'y aurait
eu aucune stipulation pour *affecter le gage* au paiement
de la seconde dette » nous pouvons facilement conclure
que le créancier acquiert toutes les garanties affectées au
contrat de gage et jouit du *jus pignoris*.

Nous venons d'étudier un cas où le droit de rétention
existe en dehors de toute connexité, et de plus, un exemple de gage tacite où la volonté des parties était sous-
entendue.

On trouve des exemples de gage tacite dans l'article 2102,
1° à l'égard des fruits de la récolte de l'année et des meubles
garnissant la maison louée ; dans l'article 2102, 5° sur les
effets des voyageurs qui ont été transportés dans une auberge.

A propos du 6° de ce même article 2102, une discussion

s'élève. Quel est le fondement du privilège accordé au voiturier sur la chose transportée ?..

Nous ne croyons pas que la cause de la faveur accordée au voiturier se rattache à des considérations d'intérêt général et aussi à l'idée d'amélioration des objets voiturés : Il n'est pas exact de dire que la valeur des choses augmente par le déplacement. C'est aussi souvent faux que vrai. — Le privilège du voiturier ne peut avoir d'autre cause qu'un gage tacitement consenti ; d'où il suit qu'il est subordonné au fait de la possession. Le voiturier peut retenir les objets voiturés, tant qu'il n'a pas été payé. S'il les a remis volontairement, c'est qu'évidemment il a suivi la foi de son débiteur, et a renoncé tacitement à son privilège en renonçant à la rétention.

§ 3. *Du droit de rétention du créancier antichrésiste.* (A. 2087). — « Le débiteur ne peut avant l'entier acquittement de la dette, réclamer la jouissance de l'immeuble qu'il a remis en antichrèse. »

Le créancier antichrésiste a donc le droit de rétention jusqu'au parfait paiement de ce qui lui est dû. Ce droit s'exerce sur la jouissance, sur les fruits produits par l'immeuble.

Quand nous avons étudié la réalité du droit de rétention, nous nous sommes demandé à qui le créancier antichrésiste pouvait l'opposer ; en un mot. si le droit de rétention de l'antichrésiste était réel ou personnel. Nous avons conclu qu'il était réel. En plaçant le gage et l'antichrèse sous la dénomination commune de nantissement, la Loi reconnait implicitement que l'antichrèse a le même effet que le gage, qu'elle affecte la chose même à la sûreté du créancier. Quelle sûreté y aurait-il pour ce dernier, si la chose n'était pas affectée au paiement de la dette? Est-il possible d'ailleurs que le législateur ait voulu organiser, outre des sûretés données sur les biens, un nantissement qui n'aurait rien de réel? Depuis la loi du 23 mars 1855, les conventions d'antichrèse doivent être rendues publiques par la transcription, cela ne résout-il pas la question, cela ne prouve-t-il pas que, loin d'être personnel, le droit du créancier antichrésiste est opposable aux tiers?

Nous avons résolu, dans un chapitre précédent, l'objection tirée de l'article 2091, et nous avons montré le parti que notre thèse pouvait tirer de l'article 446 du Code de commerce. Nous concluons donc que le créancier antichrésiste n'est pas tenu d'abandonner l'immeuble tant qu'on ne le paie pas. Il peut l'opposer aux ayants-cause du débiteur comme au débiteur lui-même.

IV

Cas de refus du Droit de Rétention.

———

I. Nous avons indiqué le cas de l'article 306 du Code de commerce, où la rétention s'exerce par une tierce personne. Strictement, on peut donc dire que la Loi ne l'accorde pas dans cette hypothèse.

II. Le droit de rétention existe-t-il pour les créances que l'on peut avoir contre l'Etat? Une décision du Conseil d'Etat du 19 juillet 1854 a répondu négativement. Il est difficile d'en expliquer les motifs. Est-ce parce que l'Etat ne peut être réputé ni insolvable, ni de mauvaise foi?

III. Les choses insaisissables ne sont pas soumises au droit de rétention. Quant aux choses inaliénables, la dot mise à part, (nous avons vu que diverses solutions étaient données à son occasion) elles ne peuvent faire l'objet du droit de rétention, à moins de perdre leur caractère d'inaliénabilité.

IV. Il va sans dire que les choses incorporelles, n'étant pas susceptibles d'une détention physique, ne peuvent être retenues. L'article 2081 signale cependant qu'une créance peut être donnée en gage. Elle est donc soumise à la rétention. Ici, en effet, le gage résultant d'une convention, l'acte qui la constate sera signifié au débiteur dont la dette est engagée. Cette signification l'empêche de se libérer entre les mains de son créancier et saisit le créancier gagiste à son égard. Mais remarquons que nous nous trouvons dans l'hypothèse d'une rétention conventionnelle; la rétention légale ne se prête pas à ce mode de saisie. Mais, cependant, on pourrait parfaitement retenir le titre de la créance.

DES EFFETS

DU DROIT DE RÉTENTION

§ 1. *Entre le créancier et le débiteur.* — Le rétenteur a le droit de ne pas se dessaisir de l'objet, tant qu'il n'est pas désintéressé par son débiteur. Le droit de retenir la chose implique nécessairement celui d'en percevoir les fruits, sauf au rétenteur à les imputer d'abord sur les intérêts de sa créance, si elle est productive d'intérêts, et puis sur le capital, déduction faite des charges de la propriété et des frais de gestion. Si le rétenteur n'avait pas ce droit, si on lui défendait, comme le faisait la loi 45 *de furtis* à propos du gage, de se servir de l'objet retenu ou si on lui ordonnait de livrer les intérêts au débiteur, on s'exposerait à ce que l'objet fût abandonné et dépérit, faute de soins ; de plus, la livraison des intérêts rendrait le droit de rétention complétement illusoire. — Les articles 2081 et 2085 consacrent cette théorie en matière de rétention conventionnelle. Donc, les fruits perçus seront attribués au rétenteur ; il les fait siens, s'il est de bonne foi. Nous avons vu que nous considérions, non sans raison, le possesseur de mauvaise foi comme assimilable à plusieurs points de vue au possesseur de bonne foi. A propos des fruits, cette assimilation est impossible. L'article 549 s'oppose formellement à l'acquisition des fruits par le possesseur de mauvaise foi.

Peut-on céder le droit de rétention? Il est clair que le rétenteur ne peut ni aliéner, ni hypothéquer la chose, puisqu'il n'en est pas propriétaire, mais nous ne voyons pas pourquoi la cession de son droit sur cette chose lui serait défendue. Le droit romain la permettait. (L. 14, § 1, de comm. divid.) La cession, en France, est le droit commun. Le rétenteur cède sa créance ; s'il veut la céder entière et en retirer sa valeur véritable, il faut qu'il la cède avec ses attributs et ses garanties. Le droit de rétention est une qualité, si je puis dire, de la créance cédée. Mais pourrait-il céder le droit sans la créance? Nous ne le croyons pas. La condition de connexité entre la créance et la chose retenue n'existerait plus ; en second lieu, un droit accessoire s'éteint dès qu'il est détaché du droit principal.

Que décider à propos des actions relatives à la chose retenue? Distinguons entre les meubles et les immeubles. Pour les meubles, les tiers ne peuvent pas repousser l'action du rétenteur, car la possession vaut titre. Pour les immeubles, nous savons que le droit de rétention est incompatible avec le droit de propriété, le rétenteur ne pourra donc pas former une demande relative à la propriété de l'objet retenu, et le propriétaire ne serait pas engagé par les condamnations prononcées contre le rétenteur qui n'est pas son représentant. L'action en complainte ne peut aussi être intentée, parce que le rétenteur n'est pas un détenteur à titre précaire. Mais l'action en réintégrande, par sa nature même, peut être employée par le rétenteur pour réprimer une voie de fait.

La responsabilité du rétenteur est celle du détenteur de la chose d'autrui, Il est tenu d'apporter à la conservation de la chose les soins d'un bon père de famille. La rétention existe uniquement dans son intérêt. Il répond donc de son dol et de sa mauvaise foi.

Dès que la créance est acquittée, le rétenteur est tenu de restituer la chose qui faisait l'objet de son droit, non-seulement avec tous les accessoires qui en dépendaient au moment du contrat, mais avec ceux qu'elle peut avoir reçus depuis cette époque ; tout ceci, bien entendu, sauf le cas de perte par cas fortuit ou force majeure.

Tel est le résumé des droits et devoirs du rétenteur.

§ 2. *Effets du droit de rétention à l'égard des tiers.* — Ces effets sont une conséquence de la réalité du droit de rétention. Réel, il est opposable aux ayants-cause du propriétaire ; c'est une sûreté accordée au rétenteur contre le danger de l'insolvabilité du débiteur. Si ce dernier la vend ou la donne, elle passe avec les charges qui la grèvent à l'acquéreur ou au donataire qui devront préalablement désintéresser le créancier, s'ils veulent en obtenir la délivrance. — Les créanciers du débiteur ne peuvent saisir et faire vendre la chose retenue que sous la condition de ne porter aucune atteinte aux droits du rétenteur, car ils ne font qu'exercer le droit du débiteur et ne peuvent l'outrepasser.

Nous avons dit que le droit de rétention, sans être une cause de préférence proprement dite, aboutit néanmoins à un droit de préférence. Mais il existe une différence bien marquée. « Le droit de préférence que procure le privilège

véritable a lieu sans distinguer comment la chose qui en a
été frappée se trouve convertie en argent. » Au contraire,
pour le droit de rétention, il est très important de savoir
comment on est parvenu à la vente. Si la chose a été vendue par le rétenteur lui-même, nous le savons, il a perdu
son droit de rétention ; il ne pourra non plus venir sur le
prix, par préférence aux autres créanciers, puisqu'il n'a pas
de privilège. Si la vente a été effectuée par le propriétaire-
débiteur ou par ses créanciers, le rétenteur ne pourra être
dessaisi qu'après le paiement intégral de ce qu'on lui doit
— Ces solutions reposent sur une juste idée de la situation des parties. Pour protéger le rétenteur il ne fallait pas
abandonner entièrement le rétentionnaire. Par la vente, le
rétenteur perd son droit de rétention ; s'il en était autrement, il pourrait arriver qu'un détenteur mal intentionné
se hâtât de vendre l'objet à bas prix, sans donner aucun
répit au rétentionnaire, sous ce seul prétexte qu'il a besoin
de rentrer dans ses déboursés. La Loi a prévenu ce danger.

Il nous reste à examiner deux questions délicates : le
droit de rétention en concours avec le droit de saisie, et le
concours entre le droit de rétention et un privilège qui lui
est préférable.

I. Le droit de rétention fait-il obstacle au droit de saisie?
Il est difficile de les concilier. Nous trouvons trois systèmes en présence. Il s'agit de savoir si quand une chose
est retenue par un tiers, les créanciers du propriétaire peuvent valablement, contre la volonté du tiers, la saisir et la
transformer en argent.

Premier système. Le droit de rétention cède devant le

droit de saisie. On s'appuie sur l'article 609 du Code de procédure : « Les créanciers du saisi ne peuvent pour quelque cause que ce soit, même pour loyers, former opposition que sur le prix de vente. » Nous rejetons ce système. L'article 609 ne règle que le droit de rétention du locateur. Malgré les mots : « pour quelque cause que ce soit », il est spécial aux relations entre le locateur et le saisi. Assurément, dans ce cas, la Loi rejette le droit de rétention et ne conserve au locateur que son droit de préférence sur le prix des objets saisis, mais remarquons aussi que l'article 609 laisse intacte notre question quand elle se présente à propos d'un immeuble ou quand il s'agira de la saisie-arrêt, puisqu'il ne s'applique qu'à la saisie-exécution.

Deuxième système. Le droit de rétention exclut le droit de saisie. C'est le principe opposé. On raisonne ainsi : D'après l'article 1166, les créanciers ne jouissent pas d'un droit plus étendu que celui de leur débiteur ; or le débiteur ne pourrait réclamer l'objet qu'après avoir préalablement indemnisé le rétenteur, donc ses créanciers ne peuvent saisir cet objet. La saisie forcerait le rétenteur à un délaissement indirect. On ajoute : L'article 547 du Code de commerce prouve surabondamment que notre système est bien fondé ; « Les syndics pourront à toute époque, avec l'autorisation du juge-commissaire retirer les gages au profit de la faillite *en remboursant la dette.* »... et l'on conclut : « Donc, si les créanciers veulent saisir, il faut d'abord qu'ils désintéressent le rétenteur. Alors seulement, ils pourront procéder aux formalités de la saisie. » Puis, comme si les arguments n'étaient pas suffisants, on croit les compléter en citant les articles 681 et 712 du Code de procédure, où il s'agit de saisie immobilière. Ces articles supposent qu'on ne peut exercer la saisie que si l'immeuble est en la possession du débiteur, ici le rétentionnaire. Les créanciers devront donc faire rentrer l'immeuble entre ses mains et pour cela ils n'auront qu'un moyen; indemniser le rétenteur !

Ce système nous paraît trop sévère. Nous répondons : D'abord l'article 547 du Code de commerce indique suffisamment par le mot *pourront* qu'il s'agit d'une faculté et non d'une prohibition. Les syndics pourront aussi parfaitement vendre les gages en respectant les droits des créanciers gagistes.

De plus, les articles 557 et 579, Cod. proc., permettent au créancier de saisir *entre les mains des tiers* et de faire vendre ensuite les effets mobiliers qui appartiennent à leur débiteur. Enfin, l'article 2204, C. N., répond aux articles 681 et 712, en autorisant les créanciers à saisir les immeubles de leur débiteur, sans que ce dernier soit lui-même en possession.

Le troisième système a l'avantage de concilier le droit de rétention avec le droit de saisie. Ils existent simultanément. Il est de principe que le rétenteur peut n'abandonner l'objet que lorsqu'il est désintéressé. Il a droit à conserver sa garantie intacte. D'un autre côté, les créanciers du débiteur rétentionnaire n'ont, sur la chose, que les droits de ce débiteur ; donc, pour provoquer la vente et s'en attribuer le prix, ils doivent commencer par désintéresser le rétenteur ou imposer à l'adjudicataire l'alternative de payer la dette ou de continuer à subir le droit de réten-

tion. Les créanciers devront donc faire insérer au cahier
des charges que l'adjudication n'aura lieu qu'à la condition,
pour l'adjudicataire, de payer directement au rétenteur ce
qui lui est dû. Il est sous-entendu que l'adjudication devra
atteindre, au moins, le montant de la créance du rétenteur.
Si un terme était stipulé en faveur du rétenteur, nous
croyons que, par analogie avec l'article 2184 C. C., on
pourrait faire déclarer à l'adjudicataire, préalablement averti,
qu'il s'engage à respecter la convention primitive, tout en
payant sur le champ la dette du rétentionnaire. C'est ce
troisième système que nous adoptons.

II. Quel rang faut-il assigner au rétenteur quand il se
trouve en conflit avec des créanciers privilégiés et hypothécaires? — Supposons le cas suivant : Un immeuble est
vendu sans terme pour le paiement du prix. Jusqu'à ce que
le prix lui soit payé, le vendeur a le droit de rétention sur
cet immeuble ; néanmoins, nous le savons, l'acheteur en
est propriétaire. L'immeuble est entré dans son patrimoine
grevé de la charge que nous appelons le droit de rétention.
L'acheteur a des créanciers qui possèdent sur ses biens
une hypothèque générale. Voilà donc cette hypothèque
se rencontrant avec le droit de rétention et se heurtant,
pour ainsi dire, contre lui. Les créanciers de l'acheteur ne
sauraient avoir plus de droits que lui. S'ils veulent saisir
l'immeuble, nous savons comment les choses se passeront.
Mais ici, le privilège des créanciers est supérieur à celui
du vendeur ! Comment résoudre la question ? Absolument
comme dans le cas de concours du droit de rétention avec
le droit de saisie. Si les créanciers veulent user de ce dernier droit, ils devront, par le cahier des charges, prévenir

l'adjudicataire que l'immeuble ne sera dégrevé du droit de rétention qu'à la condition que le vendeur sera préalablement payé. Cette solution est de toute équité. Pour une imprudence que le vendeur aurait commise, il ne faudrait pas l'exposer à courir les risques de l'insolvabilité de l'acheteur, d'autant plus que, dans ce cas, les créanciers de l'insolvable s'enrichiraient aux dépens du vendeur. Du reste, la raison qui a poussé la Loi à accorder le droit de rétention au vendeur, jusqu'au paiement du prix, ne se trouve-t-elle pas précisément dans la crainte que les créanciers de l'acheteur aient un privilège préférable au sien ? C'était le seul danger à prévoir.

Donc, selon nous, le droit de rétention légal sera opposable aux ayants-cause du débiteur, à tous indistinctement, qu'ils soient antérieurs ou postérieurs à ce droit. C'était la solution en honneur sous notre ancienne jurisprudence. Le droit de rétention est analogue au droit de résolution du vendeur ; or, personne ne conteste que ce droit prime les privilèges et hypothèques constitués antérieurement. (Mourlon, Ex. crit., n° 221.) — Il en serait différemment si nous parlions du droit de rétention conventionnel. On ne peut se prévaloir de ce dernier qu'à l'encontre des créanciers postérieurs. Cela ressort évidemment des termes de l'article 2091 tels que nous les avons interprétés dans le courant de cet ouvrage. — Certains jurisconsultes sont d'une opinion contraire. Ils prétendent que le droit de rétention n'est opposable qu'aux créanciers postérieurs, dans le cas de rétention légale. Ils ne comprennent pas la distinction que nous faisons entre la rétention légale et la rétention conventionnelle ; la différence entre les deux cas est cependant frappante. Dans l'un, la Loi veut simplement empêcher les étrangers de s'enrichir aux dépens du rétenteur, dans l'autre, c'est le débiteur antichrésiste ou gagiste qui, de plein gré, veut changer la position de l'un de ses créanciers, à l'égard de tous ceux qui ont des droits de créance contre lui. Si le droit de rétention était dans ce dernier cas opposable aux créanciers antérieurs, les privilèges et les hypothèques ne seraient que des droits illusoires. L'analogie n'existe donc pas entre les deux espèces, et la solution pour être équitable doit être différente.

En vertu de l'application de l'article 2279 qui fait un titre de la simple possession, le détenteur d'un objet meuble, pourra opposer le droit de rétention à tous les créanciers privilégiés ou hypothécaires, quelle que soit la date de leurs créances.

VOIES JURIDIQUES

PAR LESQUELLES S'EXERCE LE DROIT DE RÉTENTION

Le droit de rétention peut s'exercer selon nous : 1° par voie d'exception, 2° par l'action en complainte, 3° par la réintégrande. Examinons successivement les cas où l'un de ces trois moyens pourra être employé.

1° *Par voie d'exception.* — Le détenteur assigné devant les tribunaux par le propriétaire a naturellement le rôle de défendeur. Il ne nie pas le droit de propriété du demandeur, il conteste seulement que le demandeur ait le droit de se faire délivrer l'objet retenu. Le droit de rétention a pour but et pour effet de faire déclarer la demande actuellement non recevable. C'est, pour ainsi dire, un délai illimité que les juges accorderont au défendeur pour la remise de l'objet entre les mains du propriétaire, délai qu'il sera au pouvoir de ce dernier de supprimer entièrement en payant sa dette.

2° *Par l'action en complainte.* — Le rétenteur d'un immeuble est matériellement troublé dans sa possession par le propriétaire ; aura-t-il l'action en complainte ? L'article 23 du Code de procédure s'exprime ainsi : « Les actions possessoires ne sont recevables qu'autant qu'elles auront été formées... par ceux qui... étaient en possession *à titre non précaire.* » Or, l'action en complainte est une action possessoire qu'on exerce lorsque tout en conservant la possession, on demande à faire cesser les troubles venant d'un tiers. Mais le rétenteur possède à titre précaire, donc l'article 23 ne peut ici recevoir son application. Tel n'est pas notre avis. L'intérêt du rétenteur est trop grand pour le laisser sans défense. Il nous semble qu'il y a une considération de morale et d'ordre public qui milite en notre faveur. La jurisprudence n'hésite point à accorder au rétenteur dépouillé la réintégrande qui est cependant une action possessoire. Puisqu'on va contre l'article 23 en faisant cette concession, pourquoi ne serait-on pas aussi hardi en accordant aussi l'action en complainte au rétenteur troublé dans sa possession.

Si la rétention porte sur un meuble, l'article 2279 est une protection suffisante pour le rétenteur. Du reste, il n'a aucune action pour faire respecter sa possession. L'article 3 du Code de procédure et l'article 6 de la loi du 25 mars 1838, prouvent que les actions possessoires ne sont jamais applicables aux meubles.

3° *Par la réintégrande.* — La réintégrande est une action possessoire dont on se sert lorsqu'on a été dépouillé de la possession et qu'on demande qu'elle soit restituée. — Dans notre cas, le propriétaire a donc réalisé la dépossession du rétenteur. Le rétenteur est dépouillé, privé contre son gré de l'immeuble soumis au droit de rétention. Pour le ressaisir, il a la réintégrande. Malgré l'article 23 dont nous avons parlé, nous croyons, avec la majorité des jurisconsultes, qu'on doit favoriser l'application de cette action, car elle a pour but de réprimer une voie de fait, un désordre social.

Il est évident que, si le rétenteur a restitué volontairement la chose, il ne lui sera accordé aucun moyen de la
reprendre. Son droit de rétention a cessé par le dessaisissement. L'article 2102, § 4, signale cependant une exception. Dans le cas où la vente a été faite sans terme, le
vendeur peut, à certaines conditions, revendiquer les effets
mobiliers entrés dans la possession de l'acheteur. Le vendeur est censé avoir oublié que la Loi lui accordait un droit
de rétention, et revendique la possession de la chose, afin
de recouvrer ce droit comme garantie du paiement. C'est
une exception bizarre dont nous n'apercevons pas la raison.
Cependant nous en dirons quelques mots.

Deux systèmes ont été soutenus.

La revendication de l'article 2102 n'est pas, dit le premier système, celle admise par notre ancienne jurisprudence. Chez nous, la mutation du droit de propriété s'effec-
tue par le seul effet de la volonté. Le vendeur ne peut
donc pas revendiquer la chose vendue dont il a cessé d'être
propriétaire, par le seul effet de la vente. Le droit de
revendication se perd en même temps que le droit de propriété, Qu'est-ce donc que la revendication organisée par
l'article 2102? Rien autre chose qu'une action en résolution
exercée contre les créanciers de l'acheteur. La Loi a employé un terme inexact. Le Tribunal, en ordonnant la remise
de la chose, résout le droit de propriété de l'acheteur.
L'article 1654 s'appliquera dans les rapports du vendeur
avec l'acheteur, mais c'est l'article 2102-4° qu'il faudra
suivre, si le débat naît entre les créanciers de l'acheteur
et le vendeur. Ce qui le prouve, c'est qu'ici, pour sauve-

garder les droits des tiers, on exige que la vente ait été faite sans terme et qu'on n'accorde, pour le droit de résolution, que huit jours, au lieu de la prescription trentenaire de l'article 1654. — Ce système est peu suivi.

La revendication de l'article 2102, dit le second système, n'est ni l'action en revendication proprement dite, ni l'action en résolution, mais simplement la revendication du droit de rétention. Le vendeur veut recouvrer son privilège dont il ne s'était privé que sous une condition tacite défaillie. Par ce système, on explique facilement toutes les dispositions de l'article 2102-4°. Il est généralement admis.

Tout rétenteur dépossédé par fraude, devra jouir du secours de la réintégrande. Ce privilège est accordé au locateur par l'article 2102, et repose sur une idée de nantissement tacite au profit du bailleur et de détournement à son préjudice. Pourquoi ne l'étendrait-on pas par analogie? Le détenteur de bonne foi, auquel la chose était soustraite, avait à Rome une action *furti*, et l'acte ainsi commis par le propriétaire s'appelait *furtum possessionis*. Notre Code a suivi ces traditions.

EXTINCTION
DU DROIT DE RÉTENTION

Le droit de rétention cesse tantôt par voie accessoire, tantôt par voie principale, c'est-à-dire, lorsque celui qui pouvait s'en prévaloir cesse d'être créancier ou possesseur.

Ainsi le droit de rétention s'éteint :

1° Lorsque le rétenteur n'est plus créancier. C'est ce qui arrivera en cas de paiement, de novation, de remise de la dette, de compensation, de confusion, d'action en nullité, de prescription. Ce dernier mode est controversé.

Il s'éteint :

2° Lorsque le rétenteur n'est plus possesseur. C'est ce qui arrive en cas de perte de la chose, abus qu'en fait le rétenteur, renonciation du rétenteur lui-même à la possession, perte de la possession.

Extinction par voie accessoire.

1. Paiement. — Le débiteur s'acquitte de ce qu'il doit et reprend ce qui lui appartient. Pas de difficultés. Mais supposons que la dette ait été acquittée par un tiers. Le créan-

cier consent (le tiers en effet ne pourrait pas l'exiger) soit
à une subrogation, soit à une cession ; le subrogé ou le
cessionnaire pourra-t-il acquérir le droit de rétention ? On
pourrait en douter. Cependant, selon nous, l'article 1692
tranche la question ; la cession d'une créance emporte celle
des accessoires.

2. Novation. — Nous appliquons par analogie les articles 1278, 1279, que nous nous dispensons de citer.

3. Remise de la dette. — Le créancier se trouve dès
lors obligé de restituer ce qu'il détenait, s'il n'a aucun autre
motif d'en conserver la possession.

4. Compensation. — La créance du débiteur doit être au
moins égale à celle du rétenteur.

5. Confusion. — Le droit de rétention devient dans ce
cas impossible à exercer, le créancier l'exercerait contre
lui-même. Mais la cause qui a produit la confusion venant
à disparaître, la créance renaîtrait et avec elle le droit de
rétention.

6. Action en nullité. — Ce mode d'extinction ne se pré-
sentera que très rarement, mais il est clair que l'action en
nullité qui éteindrait l'obligation principale ferait en même
temps disparaître le droit de rétention.

7. Prescription. — L'article 2219 nous donne la prescription comme un mode de libération. Mais trouve-t-elle
sa place dans notre matière ? L'exercice du droit de rétention met-il obstacle à la prescription de la créance ? Ainsi,
supposons trente ans écoulés depuis que la créance est
devenue exigible, le créancier pendant tout ce temps a possédé, le débiteur peut-il réclamer l'objet retenu en invo-
quant la prescription de sa dette ? La dette n'est pas pres-

crite. Tel est l'avis presque unanime des auteurs. En vain, Cabrye, dit-il, que « cette abstention du débiteur qui ne réclame pas son bien pouvant provenir d'une toute autre cause que d'une reconnaissance de la dette, on ne doit pas y voir un semblable aveu. » Nous répondons que si le débiteur ne peut pas prouver que le créancier possède pour un tout autre motif que le motif primitif, comme cette possession du rétenteur impliquait assurément une reconnaissance tacite du débiteur, la même présomption n'a cessé de s'élever durant tout le temps de la possession. Or, aux termes de l'article 2248, une telle reconnaissance est interruptive de prescription. Donc l'exercice du droit de rétention fait obstacle à la prescription de la créance. Cette solution est de toute équité. On ne peut reprocher au créancier aucune négligence. Assuré de son gage, il a profité de la certitude du paiement pour ne point actionner le débiteur.

Nous avons oublié de dire que dans le cas de novation, les parties peuvent par une convention expresse décider que le droit de rétention qui garantissait la première créance viendra aussi garantir la seconde.

Extinction par voie principale.

1. Perte de la chose. — Le droit de rétention s'éteint quand la chose sur laquelle il portait vient à périr. Si elle a péri par cas fortuit, les conséquences de cette perte sont différentes, suivant qu'il s'agit du droit de rétention légal ou conventionnel ; dans le premier cas, sa perte sera sans

ressource pour le créancier ; dans le second, le créancier pourra de suite poursuivre son remboursement ou obtenir un autre gage. — Si la perte est arrivée par la faute du rétenteur. non seulement son droit de rétention se trouve anéanti, mais encore le débiteur a le droit de le faire condamner à des dommages et intérêts qui entrent alors en compensation avec la dette.

2. Abus que le rétenteur fait de la chose. — On décide ainsi par analogie avec l'usufruit et d'après les termes de l'article 2085 : « Le débiteur ne peut, à moins que le rétenteur n'en abuse, réclamer la restitution du gage. »

3. Renonciation du rétenteur à son droit. — C'est le cas de dépossession volontaire.

Elle peut se présenter de deux manières :

1° Le créancier fait la remise de sa garantie. Il se prive donc d'une sûreté, mais la dette subsiste. L'article 1286 ne permet pas le doute sur ce point.

2° La renonciation du rétenteur à la possession de la chose peut être tacite. C'est le cas où il exerce lui-même des poursuites à l'effet de convertir la chose en argent. Il perd dès lors son droit de préférence indirect. Il accepte la position de créancier chirographaire puisque son droit ne va pas jusqu'à lui conférer un privilège sur le prix de vente.

4. Quant à la perte de la possession proprement dite, nous en avons parlé au chapitre des *voies juridiques par lesquelles s'exerce le droit de Rétention*.

POSITIONS

I

DROIT ROMAIN

I. — Le demandeur en revendication doit prouver la propriété de ses auteurs.

II. — La loi 68 D. de *rei vindicatioue* n'a pas été interpolée.

III. — Le mariage chez les Romains n'était pas formé par le seul consentement des parties.

II

DROIT CIVIL

IV. — Le droit de rétention est réel.

V. — Le droit de rétention existe en dehors des hypothèses où il est formellement reconnu par un texte de loi.

VI. — Le conjoint en faveur duquel la séparation de corps a été prononcée a-t-il le droit de la faire cesser? – Non.

VII.— Le ministère public a-t-il le droit de former opposition à la célébration d'un mariage ? — Non.

III

PROCÉDURE CIVILE

VIII. — Si une demande a été formée sans le préliminaire de conciliation, la nullité provenant de cette violation de l'art. 48 pr. civ., peut être invoquée par le défendeur et prononcée par le tribunal en tout état de cause.

IV

DROIT CRIMINEL

IX. ⋅⋅⋅ L'aggravation de peine, tenant à une qualité personnelle à l'auteur principal n'est pas applicable au complice.

X — La mort donnée à autrui sur sa demande ou de son consentement, est-elle punissable de la peine appliquée au meurtre? — Oui.

V

DROIT COMMERCIAL ET MARITIME

XI. — Le commanditaire ne peut pas être contraint au rapport des dividendes qu'il a touchés pendant la durée de la société.

XII. — Lorsqu'une lettre de change fausse est payée par le tiré, la perte retombe-t-elle sur le tiré ou sur le porteur de bonne foi? — Sur le tiré.

XIII. — Le droit de résolution pourra être invoqué par le vendeur de navire non payé.

VI

DROIT ADMINISTRATIF

XIV. — La régie de l'enregistrement n'a de privilège ni sur les biens, ni sur les revenus des biens de la succession, pour le recouvrement des droits de mutation par décés.

XV. — Sous l'empire du code Napoléon, les grandes masses de forêt sont-elles imprescriptibles? — Oui.

VII

HISTOIRE DU DROIT

XVI. — Dans la législation barbare, c'est l'origine et non le libre choix de l'individu qui détermine la loi qu'il doit suivre.

VIII

DROIT DES GENS

XVII. — Les étrangers jouissent en France des mêmes droits civils que les Français; il ne faut en excepter que les droits qui leur sont interdits par un texte.

IX

ECONOMIE POLITIQUE

XVIII. — L'Etat ne doit pas subventionner les arts.

Vu par le Doyén de la Faculté :   Vu par le Président de la thèse :

A. COURAUD ✳.   BARCKHAUSEN

Vu et permis d'imprimer,

Le Recteur :

OUVRÉ ✳

TABLE DES MATIÈRES

DROIT ROMAIN

De rei vindicatione

I. — Préliminaires. — Définition. — Notions historiques.   7
II. — Des choses susceptibles de revendication   12
III. — A qui la revendication est-elle accordée?   21
IV. — Contre qui la revendication est-elle accordée?   30
V. — Quels sont les différents résultats dont est susceptible la
     revendication?   46
VI. - Quelles choses doit comprendre la restitution ou la condam-
     nation pour défaut de restitution   52
VII. — Où la chose revendiquée doit-elle être restituée?   67

DROIT FRANÇAIS

Du droit de rétention

Introduction.   74
1. — Historique du droit de rétention   74
    1. Droit romain   74
    2. Ancien droit français   79

II. — Etude générale du droit de rétention...................... 82
III. — Cas d'application.. 102
    1. Examen des cas où il est reconnu par la loi............... 102
    2. Examen des cas où il n'est pas expressément reconnu, mais
    où nous l'admettons par extension....................... 110
    3. Droit de rétention conventionnel 129
    4. Cas de refus du droit de rétention..... 135
IV. — Des effets du droit de rétention........................ 137
V. — Voies juridiques par lesquelles s'exerce le droit de rétention. 146
VI. — De l'extinction du droit de rétention.................... 150
Positions 154

    Conditions requises pour l'existence du droit de rétention... 86
    Caractères du droit de rétention......................... 93

www.ingramcontent.com/pod-product-compliance
Lightning Source LLC
Chambersburg PA
CBHW071841200326
41519CB00016B/4196